분쟁해결, 갈등관리, 이웃분쟁조정?

우리나라 ADR법,
이렇게 제정하자

우리나라 ADR법, 이렇게 제정하자

펴낸날 2019년 12월 16일

지은이 박철규

펴낸이 주계수 | **편집책임** 이슬기 | **꾸민이** 전은정

펴낸곳 밥북 | **출판등록** 제 2014-000085 호

주소 서울시 마포구 양화로 59 화승리버스텔 303호

전화 02-6925-0370 | **팩스** 02-6925-0380

홈페이지 www.bobbook.co.kr | **이메일** bobbook@hanmail.net

© 박철규, 2019.

ISBN 979-11-5858-619-5 (03360)

※ 이 도서의 국립중앙도서관 출판시도서목록(CIP)은 e-CIP 홈페이지(http://www.nl.go.kr/cip)에서 이용하실 수 있습니다. (CIP 2019049271)

분쟁해결, 갈등관리, 이웃분쟁조정?

우리나라 ADR법,
이렇게 제정하자

박철규

ADR 지침서
Alternative Dispute Resolution

현대사회의 복잡성과 다양성은 분쟁과 갈등의 양상도 더욱 복잡하게 하여 전통적인 분쟁해결기관으로서의 법원은 업무과중과 전문성 부족으로 인하여 국민들의 소송 절차에 대한 불만이 심화되어 왔다. 이에 법원의 업무 부담을 줄이고 분쟁의 재판 외적인 단계에서의 해결을 활성화하여 효과적인 분쟁해결을 도모하며, 분쟁해결에 따른 시간과 비용을 줄이기 위한 ADR(대체적 분쟁해결)제도에 대한 관심이 점증하고 있다.

그러나 우리나라는 대체적 분쟁해결 제도에 대한 연구는 상당히 진전되어 있음에도 불구하고 국민들의 실생활에서는 그 적용과 발전에 한계를 보이고 있다. 특히 법원 내에서 이루어지는 민사조정제도나 행정기관에 두고 있는 분쟁조정위원회 등의 운영과는 달리 민간부문에서의 대체적 분쟁해결 제도는 그 존재를 파악하기조차 어려울 정도로 생성과 발전이 미진한 상태에 있다.

그러한 한계를 극복하기 위해 필요한 요소들 중에서 대체적 분쟁해결제도의 정립과 확산에 가장 직접적이고도 확실한 방법은 ADR 관련법령의 입법적 지원과 함께 ADR 기관의 제도화이다.

그동안 학계와 실무계에서는 세계적인 ADR 입법 지원 추세에 부응하여 우리나라도 사회적 갈등비용을 줄이고 각종 분쟁의 유화적인 해결을 위해 ADR기본법이 제정되어야 한다는 주장이 끊임없이 제기되어 왔다. 하지만 그동안 제시되어 온 주장의 대부분은 ADR 기본법 제정의 당위성과 함께 몇 가지 쟁점에 관한 소개에 그치고, ADR 기본법 체계와 조문을 구체적으로 제시하는 연구나 자료는 찾아보기 어려웠다.

우리나라의 ADR 관련 법령체계는 갈등관리 관련법령과 대체적 분쟁해결 관련법령으로 이원화되어 있다고 할 수 있다. 그중 갈등관리 관련법령과 관련하여 갈등관리에 관한 기본법은 제정되지 않은 채 법률의 하위법인 대통령령으로서 '공공기관의 갈등 예방과 해결에 관한 규정'이 있고, 그 하위법인 총리령으로서 '공공기관의 갈등 예방과 해결에 관한 규정 시행규칙'만이 제정되어 운용되고 있다. ADR 법령체계의 양축을 형성하고 있는 갈등관리 법령체계는 아직까지 법률이 제정되지 않은 입법적 미비 상태에서 하위법령으로만 옹색하게 운용되고 있는 것이다.

그런가 하면 ADR 법령체계에서 또 하나의 축을 형성하고 있는 대체적 분쟁해결 법령체계로는 현행법으로 '중재법', '민사조정법'과 분쟁을 조정하기 위한 조항을 포함한 각종 개별법들이 있다. 참고로 '중재산업 진흥에 관한 법률'이 2016년 12월 27일에 제정되어 2017년 6월 28일에 시행되었다. 하지만 이 법은 ADR 관련법이기는 하나 ADR 절차를 직접적으로 규율하는 법률은 아니다.

따라서 이제는 갈등관리기본법을 제정해야 할 시점에 와 있으며, 이와는 별도로 대체적 분쟁해결제도의 활성화와 정착을 위해 대체적 분쟁해결의 총괄법인 대체적 분쟁해결 기본법의 제정을 추진하여야 한다.

대체적 분쟁해결의 총괄법인 대체적 분쟁해결 기본법이 필요한 이유는 조정절차 등 민간형 ADR을 규율할 일반법이 없고, 각종 행정형 ADR은 그 필요에 따라 개별적인 법률에 의거하여 마련되었기 때문에 그 절차나 효력 등에서 어떠한 통일성이나 체계가 없어 그 법적 체계가 제대로 정비되어 있지 않다는 비판이 지속적으로 제기되어 왔기 때문이다. 따라서 민간형 ADR을 활성화시키고 행정형 ADR이나 사법형 ADR의 체계화와 효율성을 지도하기 위한 대체적 분쟁해결 기본법이 제정되어야 한다.

이러한 문제의식으로 쓴 이 책은 우리나라 ADR의 기본법인 대체적 분쟁해결 기본법안을 조문별로 마련하여 그 의미와 취지를 축차적으로 설명하여 제시하였다. 아무쪼록 여기에 제시된 ADR 기본법안을 입법과정에서 심도 있게 검토하고 논의하여 부족한 부분은 보충하고 수정할 부분은 수정하여, 우리나라의 ADR 발전을 이끌 선진적인 ADR 기본법이 제정되기를 바라는 바이다.

이 책의 출간을 위하여 도서출판 밥북의 식구들을 비롯하여 많은 분들의 지원과 수고로움이 있었다. 이 책이 ADR을 가르치고 연구하는 연구자, 교육자, 학생 등을 비롯하여 각종 분쟁조정위원들과 중재인(중재위원), 분쟁해결센터 관계자들은 물론 갈등관리나 ADR을 담당하는 공무원이나 실무자들, 나아가서는 일반 교양인들에게 ADR법을 이해하는 데 도움이 되기를 바란다. 끝으로 이 책이 우리나라의 ADR 발전과 정착에 있어 마중물이 되고, 국회의원 및 지방의회 의원 등의 입법자와 실무자를 비롯하여 다양한 분야의 연구자들이 필요시마다 참고하는 ADR법에 대한 참고 지침서가 되기를 바라마지 않는다.

2019년 12월

여의도에서 박 철 규

CONTENTS

부록

제1장

우리나라
ADR 법령체계를
정립하자

한국에 ADR 법령체계는 있는가?

우리 사회는 정치는 물론 노사, 계층, 세대 간의 갈등을 포함하여 소비자, 교육, 여성, 환경, 복지 등 거의 전 분야에 걸쳐 가늠하기 어려울 정도로 다양한 갈등이 표출되고 있다. 특히 개발과 보전을 둘러싼 갈등이나 혐오기피시설 등의 설치와 관련한 갈등은 그 범위나 강도가 막대하고, 그로 인한 소모적인 논쟁이나 해결이 어려운 국면은 국민 상호 간의 대립이나 상처를 크게 하여 국가적 효율성을 심각하게 왜곡시키는 문제가 반복되기도 한다.

그런데 그러한 갈등이나 분쟁은 전통적인 분쟁해결방법인 소송을 통하여 해결하고자 하는 경우 그 비용이나 시간이 많이 소요될 뿐만 아니라, 재판의 결과가 나온다고 하더라도 한쪽은 그 결과에 대해 큰 상처를 입고 상대편에 대해 반목과 비판을 멈추지 않는 현상이 적지 않았다.

현대사회의 복잡성과 다양성은 분쟁과 갈등의 양상도 더욱 복잡하게 하여 전통적인 분쟁해결기관으로서의 법원은 업무과중과 전문성 부족으로 인하여 국민들의 소송 절차에 대한 불만이 심화되어 왔다. 이에 법원의 업무 부담을 줄이고 분쟁의 재판 외적인 단계에서의 해결을 활성화하여 효과적인 분쟁해결을 도모하며, 분쟁해결에 따른 시간과 비용을 줄이기 위한 ADR(대체적 분쟁해결)제도에 대한 관심이 점증하고 있다.

그러나 우리나라는 대체적 분쟁해결 제도에 대한 연구는 상당히 진전되어 있음에도 불구하고 국민들의 실생활에서는 그 적용과 발전에 한계를 보이고 있다. 특히 법원 내에서 이루어지는 민사조정제도나 행정기관에 두고 있는 분쟁조정위원회 등의 운영과는 달리 민간부문에서의 대체적 분쟁해결 제도는 그 존재를 파악하기조차 어려울 정도로 생성과 발전이 미진한 상태에 있다.

그러한 한계를 극복하기 위해 필요한 요소들 중에서 대체적 분쟁해결제도의 정립과 확산에 가장 직접적이고도 확실한 방법은 ADR 관련법령의 입법적 지원과 함께 ADR 기관의 제도화이다.

견해에 따라 다를 수는 있겠지만 우리나라의 ADR 법령체계는 공공갈등을 예방하고 해결하기 위한 갈등관리 관련법령과 국민들의 일상생활이나 경제생활에서 발생하는 분쟁을 법원에 의한 재판에 의하지 않고 해결하기 위한 민사조정이나 상사중재 등을 포괄하는 대체적 분쟁해결 관련법령으로 양분할 수 있다 하겠다. 전자는 공공정책을 수립하거나 추진하는 과정에서 발생하는 이해관계의 충돌을 예방하거나 해결하기 위한 법령이고, 후자는 주로 개인이나 기업의 사적인 이해관계의 충돌을 재판 외의 방법으로 해결하기 위한 법령이다.

대체적 분쟁해결 법령체계를 말할 때 보통 후자만을 지칭하기도 하나, 갈등관리 역시 재판 외의 방법으로 갈등을 해결하기 위하여 협상하고 협의하며 조정 또는 중재를 이용할 경우에는 이 역시 광의의 대체적 분쟁해결제도의 일환으로 볼 수 있을 것이다. 이에 대해서는 갈등관리에 관한 많은 연구에서 외국의 ADR 관련 제도나 법을 갈등관리제도의 일환으로 소개하고 있기도 하다.

따라서 이하에서는 광의의 대체적 분쟁해결 관련 법령체계를 'ADR 법령체계'라고 표현하고, 이를 두 개의 큰 분야로 나누어서 '갈등관리 법령체계'와 '대체적 분쟁해결 법령체계'로 하고자 한다.

우리나라의 ADR 법령체계를 '갈등관리 법령체계'와 '대체적 분쟁해결 법령체계'로 구분하였을 때, 갈등관리 법령체계는 해당 기본법(법률)이 제정되지 않은 상태에서 법률의 하위법인 대통령령으로서 '공공기관의 갈등 예방과 해결에 관한 규정'이 있고, 그 하위법인 총리령으로서 '공공기관의 갈등 예방과 해결에 관한 규정 시행규칙'만이 제정되어 운용되고 있다. 따라서 ADR 법령체계의 양축을 형성하고 있는 갈등관리 법령체계는 아직까지 법률이 제정되지 않은 입법적 미비 상태에서 하위법령으로만 옹색하게 운용되고 있는 실정이다.

그런가 하면 ADR 법령체계 아래 또 하나의 축을 형성하고 있는 대체적 분쟁해결 법령체계상으로는 현행법으로 '중재법', '민사조정법'과 분쟁을 조정하기 위한 조항을 포함한 각종 개별법 등이 있다. 참고로 '중재산업 진흥에 관한 법률'이 2016년 12월 27일에 제정되어 2017년 6월 28일에 시행되었다. 하지만 이 법은 ADR 관련법이기는 하나 ADR 절차를 직접적으로 규율하는 법률은 아니다.

그런데 조정절차 등 민간형 ADR을 규율할 일반법이 없고, 각종 행정형 ADR은 그 필요에 따라 개별적인 법률에 의거하여 마련되었기 때문에 그 절차나 효력 등에서 어떠한 통일성이나 체계가 없어 그 법적 체계가 제대로 정비되어 있지 않다는 비판이 있어 왔다. 따라서 민간형 ADR을 활성화시키고 행정형 ADR이나 사법형 ADR의 체계화와 효율성을 지도하기 위한 대체적 분쟁해결 기본법의 제정이 시급하다는 주장이 학계나 실무계에서 강조되어 왔다(강병근 외, 2001; 김광수, 2012; 김민중, 2010 봄호; 김상찬, 2004; 정준영, 2010; 이건묵, 2012).

한편 갈등관리법과는 별개로 '대체적 분쟁해결 기본법'(이하에서는 편의상 이 용어로 통일한다)을 제정하는 방안을 선택하는 경우에도 일본과 같이 민간형 ADR을 규율할 일반법만으로 그칠 것인가, 아니면 민간형 ADR뿐만 아니라 행정형 ADR, 나아가서는 사법형 ADR까지 함께 규율할 수 있는 ADR 통합법인 명실상부한 대체적 분쟁해결 기본법을 지향할 것인가에 대하여도 숙고할 필요가 있을 것이다. 일본의 ADR촉진법은 인증사업자를 대상으로 하는 민간형 ADR을 규율하는 법이며, 미국은 행정형 ADR을 규율하는 행정분쟁해결법과 사법형 ADR을 규율하는 대체적 분쟁해결법이 각각 별개로 제정되어 있다.

한국 ADR 법령체계의 문제점은 무엇인가?

1. ADR 법령체계의 현황에 대한 문제점을 알아보자

우리나라의 ADR 법령체계를 갈등관리 법령체계와 대체적 분쟁해결 법령체계로 구분하였을 때 갈등관리 법령체계는 해당 기본법률이 없는 상태에서 하위법인 대통령령으로서 '공공기관의 갈등 예방과 해결에 관한 규정'과 총리령으로서 '공공기관의 갈등 예방과 해결에 관한 규정 시행규칙'만이 마련되어 운용되고 있는 실정이다. 게다가 대체적 분쟁해결 법령체계상으로는 조정절차 등 민간형 ADR을 비롯하여 행정형 ADR과 사법형 ADR을 전체적으로 지도하고 규율할 대체적 분쟁해결 기본법은 아직 없는 상황이다.

그런데, 갈등관리 법령체계와 대체적 분쟁해결 법령체계 양자의 영역에 걸쳐 있는 것으로 공공기관 등에 설치되어 있는 각종 분쟁조정(중재)위원회 등의 설치와 운영 등을 규율하는 각 개별법이 있다. 그러한 개별법에서 설치하고 있는 위원회는 공공기관의 업무와 관련된 분쟁을 다룬다는 측면에서는 전자와 유사하나, 주로 공공기관의 업무로 인해 침해되는 개인이나 기업 등의 사적인 이해관계를 해결하기 위한 제도라는 측면에서는 후자에 가깝다.

이러한 개별법들은 갈등관리 법령체계의 성격을 포함하고 있으나, 갈등의 예방이 아닌 이미 발생한 이해관계의 충돌을 대상으로 하고 분쟁해결을 위해서는 대부분 당사자의 신청이 있어야 한다는 것과 그 해결 방법이 조정, 중재 등 대체적 분쟁해결 방식을 이용한다는 측면에서 대체적 분쟁해결 법령체계의 범주에 포함시킬 수 있다. 따라서 이하에서는 그러한 개별법들의 관련 규정들을 행정형 ADR로 보고 대체적 분쟁해결 관련법령체계 안에 포함시킬 것이다.

한편 갈등관리 관련 법령체계에 있어서도 갈등관리에 관한 기본법령 외에도 각 개별법들이 행정영역별로 산재해 있다. 이들은 행정절차 관련법으로 행정절차법, 공공기관의 정보공개에 관한 법률 등이 있고, 국토계획 관련법으로 국토의 계획 및 이용에 관한 법률 등이 있으며, 환경 관련법으로 환경영향평가법 등이 있고, 혐오 기피시설 관련법으로 중·저준위방사성폐기물 처분시설의 유치지역 지원에 관한 특별법, 댐건설 및 주변지역 지원 등에 관한 법률 등이 있다(박홍엽 외, 2005: 105-175).

이러한 분류들을 감안하여 우리나라의 현행 ADR 법령체계를 도표로 작성하면 다음과 같다.

〈그림 1〉 현행 ADR 법령체계

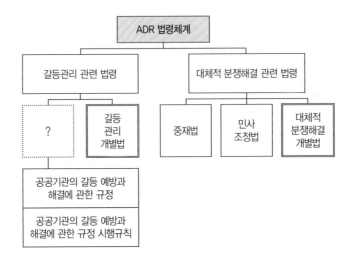

첫째, 〈그림1〉에서 보는 바와 같이 우리나라의 ADR관련 법령체계는 갈등관리 관련법령과 대체적 분쟁해결 관련법령으로 양축을 형성하고 있다. 그런데 갈등관리 관련법령 체계에서 공공기관의 갈등예방과 해결에 관한 규정(대통령령)과 공공기관의 갈등예방과 해결에 관한 규정 시행규칙(총리령)을 지도하고 규율할 '갈등관리기본법(이하 편의상 이 명칭으로 통일함)'이 부재한 상황이다.

대한민국의 법령체계는 최상위에 헌법이 있고 그 아래로 법률이 있으며 이를 시행하기 위하여 법률의 위임으로나 이를 집행하기 위한 시행령과 시행규칙이 축차적으로 구축되어 있어야 하는데, 현행 갈등관리 관련 법체계는 기본법이 마련되지 않은 채 시행령과 시행규칙 같은 하위법만으로 유지되고 있는 실정이다. 이는 하위법의 법적 근거와 제도의 실효성 측면에서 심각한 문제가 아닐 수 없다.

둘째, 대체적 분쟁해결의 근거법으로는 1966년에 제정된 중재법이 있고 1990년에 제정된 민사조정법이 있으며, 주로 공공기관의 업무로 인해 침해되는 개인이나 기업 등의 이해관계 충돌을 해결하기 위해 행정형 ADR 기구를 설치하고 있는 각 개별법이 있다. 참고로 2010년에 형사조정제도를 입법화한 범죄피해자 보호법도 대체적 분쟁해결 관련법에 포함시킬 수 있을 것이다.

그런데 중재법은 대체적 분쟁해결 방식 중에서 중재절차만을 규율하고 있고, 민사조정법은 소송이 제기된 사건의 민사조정 절차만을 담고 있으며, 공공기관의 업무와 관련하여 각종 행정형 ADR기구를 설치하고 있는 각 개별법은 분쟁을 해결하는 데 서로 다른 구성 방식과 기능의 차이, 절차의 상이 및 의결 결과의 효력 등에 있어 일관된 기준이 없어 체계성이 결여되어 있다는 지적을 많은 학자들로부터 받고 있는 실정이다.

결과적으로 대체적 분쟁해결 관련법령 체계상으로는 분쟁이 발생하였을 경우 법원에 해결을 의뢰하기 전에 민간부문에서의 분쟁해결을 위한 민간형 대체적 분쟁해결제도가 중재법에 근거하는 중재 외에는 제도적으로 체계화되어 있지 않다. 행정형 ADR 측면에서도 각종 분쟁조정기구를 설치하고 있는 개별법들은 위원들의 구성에서도 분쟁해결 전문가라기보다는 사회적 명망가들로 구성되어 있는가 하면, 분쟁해결의 운영방식에서도 공공기관의 민원해결적인 성격을 벗어나지 못하는 등 유연한 절차와 신속한 분쟁해결이라는 본래 의미의 대체적 분쟁해결제도가 미비한 상황이다.

따라서 민간부문 및 행정영역에서의 다양한 대체적 분쟁해결제도를 지원하고 그러한 제도의 정착을 위해 필요한 기본적인 사항과 공통적인 요소들을 종합적으로 지도하고 규율할 수 있는 대체적 분쟁해결 기본법의 제정이 시급한 실정에 있다.

2. ADR 법령체계에 대한 논의에 있어서의 문제점을 알아보자

우리나라 갈등관리 관련 논문이나 대체적 분쟁해결 관련 연구들을 살펴보면 크게 세 가지의 흐름이 있다.

첫 번째 유형은 갈등관리 관련 연구나 논의에서 보이는 것으로서 갈등관리 제도와 대체적 분쟁해결제도를 거의 같은 맥락으로 보는 입장이다. 이 경우에는 갈등관리 제도에 관한 주제를 논의하면서 대체적 분쟁해결제도와의 차이점에 대해서는 아무런 언급도 하지 않은 채 갈등관리 제도의 일환으로 외국의 대체적 분쟁해결 관련제도나 법령체계를 인용하기도 한다(박홍엽 외, 2005; 임동진, 2010; 변상정, 2004; 정정화, 2012 등).

이러한 논의들은 공공갈등을 해결하기 위한 법령이나 시스템을 설명하

우리나라 ADR법, 이렇게 제정하자

면서 갈등이나 분쟁을 해결하기 위한 제도적 장치라는 측면에서 갈등관리 제도를 대체적 분쟁해결제도와 차이를 두지 않는다.

두 번째 유형은 갈등관리에 관한 주제를 논의할 때 보이는 것으로서, 갈등관리제도는 대체적 분쟁해결제도와는 그 성격을 달리하는 것으로 보며 공공기관에 의한 정책의 수립과 집행 과정에서 야기되는 갈등을 어떻게 예방하거나 해소할 것이냐에 중점을 두는 입장이다. 이 경우에는 갈등관리 관련 제도나 기구를 설명하면서 대체적 분쟁해결 제도에 대해서는 아예 언급을 하지 않거나 주제의 출발점이 별개인 것처럼 취급한다.

세 번째 유형은 대체적 분쟁해결에 관한 주제를 논의하거나 연구를 하면서 보이는 것으로서, 분쟁해결을 위한 비용과 시간을 감소시키고 당사자의 협의나 합의를 바탕으로 하는 대체적인 분쟁해결 방식을 역시 갈등관리제도와는 그 연원이나 배경이 다른 특성을 가진 제도로 보는 입장이다. 이 경우에도 대체적 분쟁해결 제도는 갈등관리 제도와는 성격이 다른 것으로 취급하기 때문에 대체적 분쟁해결 제도를 논의하면서 갈등관리 관련 제도나 법령을 인용하거나 연결 지어 설명을 전개하지 않는다(김민중, 2010; 전병서, 2007; 정준영, 2010 등).

이상 갈등관리 제도와 대체적 분쟁해결제도의 관계에 관한 세 가지 논의 흐름 중에 두 번째와 세 번째의 논의들이 반드시 갈등관리 제도와 대체적 분쟁해결제도가 서로 전혀 상관이 없다는 주장을 하거나 반드시 그러한 의미를 내포하고 있다는 것은 아니다. 오히려 공공정책을 수립하거나 집행하는 과정에서 발생하는 집단적인 민원이나 갈등을 예방 또는 해결하고자 하는 갈등관리 제도와 개인의 경제 활동이나 기업의 거래 관계 또는 공공기관의 업무와 관련하여 발생하는 이해의 충돌이나 분쟁을 재판 외의 대체적인 방법으로 해결하고자 하는 대체적인 분쟁해결 제도는 그 연원이나 전제가 다른 것으로 보는 데서 나타나는 현상으로 보인다.

오히려 갈등관리 제도와 대체적 분쟁해결제도의 관계에 대한 설명은 갈등관리를 위한 접근법의 하나로 전통적인 접근법과 대비되는 대체적 접근방법을 소개하는 방식으로 주로 다루어진다. 과거의 힘과 권위에 의한 전통적인 갈등관리 방식의 한계를 인식하고 갈등 당사자의 합의나 협의를 중시하는 새로운 갈등관리 접근법으로 대체적 분쟁해결 방식에 의한 대체적 접근방법이 더욱 중요성을 더해간다는 것이다.

그럼에도 불구하고 갈등관리제도와 대체적 분쟁해결 제도에 대하여 그 차이점을 이해하기 쉽게 식별해주거나 왜 함께 논의를 해줘야 하는지, 아니면 양자를 별개로 보고 왜 별도의 법률이 필요한가에 대하여 깊이 있게 연구하거나 명쾌하게 정리된 논의는 찾아보기 어려운 것이 현실이다.

제3절

한국도 이젠 ADR 법령체계를 정립하고
ADR 기본법을 제정하자

1. 한국 ADR 법령체계를 어떻게 정립할 것인가?

우리나라의 ADR 관련 법령체계는 위에서 살펴본 바와 같이 갈등관리 관련법령과 대체적 분쟁해결 관련법령으로 이원화되어 있으며 갈등관리에 관한 기본법은 제정되지 않은 채 법령체계가 기형적으로 형성되어 있다. 따라서 이제는 갈등관리기본법을 제정해야 할 시점에 와 있으며, 이와는 별도로 대체적 분쟁해결제도의 활성화와 정착을 위해 대체적 분쟁해결의 총괄법인 대체적 분쟁해결 기본법의 제정을 추진하여야 한다.

이를 위해서는 두 가지 접근방법이 있다. 하나는 ADR 관련 법령체계를 갈등관리 관련법령과 대체적 분쟁해결 관련법령으로 이원화하여 발전시켜 나가는 방법이고, 다른 하나는 갈등관리 관련법령과 대체적 분쟁해결 관련법령으로 분리하지 않고 하나의 법령체계에 담아줌으로써 ADR 관련 법령체계를 일원화하는 방법이다.

그중에서 첫 번째인 갈등관리 관련법령과 대체적 분쟁해결 관련법령으로 이원화하는 방법은 공공갈등을 예방하고 해결하기 위한 갈등관리기본법과 이와는 별도로 민간형 및 사법형 ADR과 공공기관의 업무로 인해 침해되는 개별 주체들의 이해관계를 해결하기 위한 행정형 ADR을 포괄하는 대체적 분쟁해결 기본법을 각각 제정하여 줌으로써 ADR 법령체계를 이원화하여 구축하는 방법이다. 이를 도표로 나타내면 아래와 같다.

〈그림2〉 ADR 법령체계 이원화 방안

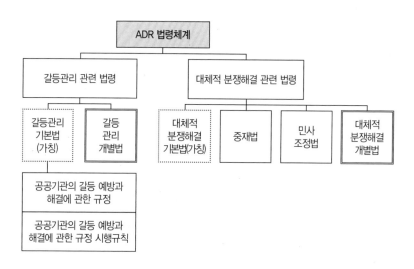

다른 하나는 ADR 관련 법령체계를 일원화하여 단일법체계로 하는 방법이다. 이는 갈등관리제도가 기본법이 아직 없는 상태에서도 '공공기관의 갈등예방과 해결에 관한 규정(대통령령)'과 '공공기관의 갈등예방과 해결에 관한 규정 시행규칙(총리령)'에 의해서 이미 운용되고 있음을 감안하여 '갈등관리 및 대체적 분쟁해결에 관한 법률(가칭)'로 통일하여 하나의 법률로 규합하는 방법이다.

이는 갈등관리와 대체적 분쟁해결을 위한 공통적인 사항과 지도 원리를 총칙 규정에서 하나로 규율해주고, 갈등관리에 필요한 시스템과 절차를 별도로 규정하되 갈등관리를 위한 분쟁의 예방과 해결 방법으로서 조정, 중재 등 대체적 분쟁해결제도를 이용할 수 있게 해주는 것이다.

대체적 분쟁해결제도는 민간형, 사법형, 행정형 ADR에 대해 전체적으로 지도할 원리를 공통적으로 묶어주고 각각에 특유한 규정들은 장을 달리하여 규율하여 줌으로써 전체와 개별적인 제도가 체계적이면서도 조화를 이루도록 규정하면 될 것이다.

특히 이러한 일원화 방안은 갈등관리나 대체적 분쟁해결을 위한 지원센터를 설립하고자 하는 경우 이를 하나의 기관으로 통합함으로써 양 기능을 하나의 기관에서 지원할 수 있게 하면, 예산상으로나 관리 측면에서도 효율적인 유용한 방안이 될 수 있을 것이다. 이를 도표로 나타내면 다음과 같다.

<그림 3> ADR 법령체계 일원화 방안

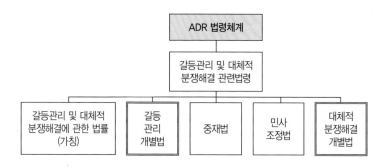

생각건대 공공갈등을 예방하고 해결하기 위한 갈등관리 관련법령과 주로 민사적 측면에서 이해관계에 대한 분쟁이 발생하였을 경우 이를 재판 외의 방법으로 해결하기 위한 대체적 분쟁해결 관련법령은 그 발생의 배경이나 성질상 다르게 취급할 필요가 있다.

그러나 갈등과 분쟁은 동전의 양면과 같은 성격을 가지고 있고 이를 해결하기 위해서 갈등관리와 대체적 분쟁해결을 전혀 별개로 생각하기는 어렵다. 외국에서도 갈등관리와 대체적 분쟁해결에 대하여 두 개의 별도 법령체계를 확고하게 정립하여 운용하는 경우는 찾아보기 어렵다는 점을 감안할 때 장기적으로는 갈등관리 관련법령과 대체적 분쟁해결 관련법령을 통합하여 단일의 종합적인 갈등관리 및 대체적 분쟁해결에 관한 기본법을 제정하여 주는 방법도 생각해 볼 수 있다(전재경, 2005: 28-29 참조).

그러나 우리나라에서 갈등관리의 독자적인 필요성을 인정하고 이미 갈등관리법령이 운용되고 있고, 갈등관리 제도와 대체적 분쟁해결제도는 그 발전과정과 성격이 다르다는 점을 감안하면 그 둘을 하나의 통합법으로 제정하여 가기에는 상당한 무리가 따를 것으로 생각된다. 설사 양자를 하나의 법에 담아 장과 절을 나누어 제정하는 것이 입법 기술적 측면에서 가능하다고 하더라도, 갈등관리 법령이 현실적으로 이미 운용되고 있는 과도기적 상황을 고려하여 갈등관리 관련법령과 대체적 분쟁해결 관련법령을 각각 별도로 유지하는 이원화하는 형태를 먼저 운용하다가 나중에 두 법령체계를 하나로 통합하는 것이 무리 없이 가능하겠는지에 대해 고려해보는 단계적인 전략이 좋을 것으로 생각된다.

2. ADR 기본법을 이렇게 제정하면 어떨까?

위와 같은 의미에서 ADR의 기본법은 갈등관리 관련법령 부문에서 갈등관리기본법이 조속히 제정되어야 할 것이며, 대체적 분쟁해결 부문에서는 대체적 분쟁해결 기본법이 마찬가지로 입법화되어야 할 것이다. 이렇게 보면 우리나라 ADR 기본법은 갈등관리기본법과 대체적 분쟁해결 기본법, 두 개가 필요한 셈이다.

갈등관리기본법안은 수많은 국회 제출이 이어져 왔다

먼저 갈등관리기본법과 관련해서는 2005년에 정부에서 '공공기관의 갈등관리에 관한 법률안'을 17대국회에 제출한 적이 있으나 당시에 갈등관리제도 자체에 대한 충분한 이해가 부족하여 입법화되지 못하였다. 그 후 각종 공공갈등이 갈수록 늘고 갈등관리제도의 필요성에 대한 이해의 폭이 넓어짐에 따라 이제는 정부가 아닌 국회의원들의 법률안 제안이 늘어가게 되었다.

18대 국회에 들어와서는 2009년에 '사회통합을 위한 정책갈등관리법안', 2010년에는 '공공정책갈등 예방 및 해결을 위한 기본법안'이 제출되었고, 19대 국회에서는 21013년에 '공공정책 갈등관리에 관한 법률안' 등이 각각 의원발의 형태로 국회에 제출되었으나 역시 통과가 되지 못하였다. 20대 국회에 들어와서도 2016년의 '공공기관의 갈등 예방 및 해결에 관한 법률안'에서 2018년의 '갈등기본법안'에 이르기까지 비슷한 내용의 다양한 법안들이 제안되었으나 아직까지 입법화되지 못한 채 국회의 심사를 기다리고 있는 실정이다.

그러나 갈등관리기본법은 시행령과 시행규칙이 현재 운용되고 있고 법률안에 대한 연구는 그동안 수많은 법안 제출과 함께 충분히 논점에 대한 검토가 되어 있으므로 법 제정에 대한 입법자와 당국의 의지와 합의만 있으면 바로 입법화가 가능한 상태에 있다.

19대 국회에 역사상 처음으로 대체적 분쟁해결 기본법안이 제출되었다

대체적 분쟁해결 기본법은 19대 국회에서 필자가 제안한 제정안을 토대로 한 '대체적 분쟁해결 기본법안'이 국회에 제출되어 법제사법위원회에 계류되어 있었으나 19대 국회의 마감과 함께 통과되지 못하였고, 20대 국회에서는 대체적 분쟁해결 기본법안의 제출도 아직 없어 이에 대한 논의조차 어려운 실정에 놓여 있다.

19대 국회에서 계류되었던 '대체적 분쟁해결 기본법안'은 우리나라에서 그동안 학자들과 분쟁해결 실무계에 의해 꾸준히 제기되었던 ADR 기본법의 제정이 필요하다는 지적과 열망을 담아 우리나라 ADR 역사상 최초로 정식 법안으로 성안되어 국회에 제출되고 입법과정에서 그 제정의 필요성과 법체계에 대해 논의했던 법안이었다.

우리나라 ADR법, 이렇게 제정하자

당시에 국회 법제사법위원회의 전문위원 검토보고서에는 대체적 분쟁해결 기본법안에 대하여 다음과 같은 의견을 제시하였다(강남일, 2014: 13-14).

먼저 대체적 분쟁해결 기본법의 입법 취지와 관련하여 민간형과 행정형, 사법형을 통합적으로 규율하는 대체적 분쟁해결에 관한 기본법 제정을 통하여 국민들에게 다양한 분쟁해결 수단과 창구를 제공하려는 법안의 취지에 대해서는 긍정적으로 평가하며, 이를 통해 법원의 업무 경감, 분쟁해결의 지연 방지, 과다한 비용 절감 등의 효과를 기대할 수 있을 것으로 보았다.

다만, 법률제정의 필요성과 관련하여 몇 가지 고려할 사항을 제시하였다.

대체적 분쟁해결에 실패하여 다른 법률상 절차를 거치게 되는 경우 분쟁해결에 소요되는 시간과 비용이 오히려 증가할 수 있으며, 당사자 간의 힘의 불균형으로 인해 대체적 분쟁해결 제도의 취지와 달리 부당한 결과를 초래할 수 있다는 것이다.

다음으로 대체적 분쟁해결 기본법안에서는 다른 법률에서의 규정이 없는 경우에만 이 법을 적용하도록 하고 있는바, 이를 통해 개별법에서 규정하는 대체적 분쟁해결의 절차나 효력의 일관성을 갖게 할 수 있을지는 의문이므로 개별법상의 대체적 분쟁해결제도와의 관계를 법안 심사 과정에서 보다 심도 있게 논의할 필요가 있다고 보았다.

끝으로 일정한 교육만 이수한 대체적 분쟁해결 기본법안 상의 '중립인'에게 민사적 분쟁해결절차를 담당하도록 하거나, 공공기관 업무와 관련된 분쟁까지 이 법안이 상정하고 있는 대체적 분쟁해결 제도를 적용하는 것은 비전문가에게 분쟁해결을 맡기는 것이며, 신속한 권리구제를 요구하는 당사자에게 오히려 부당한 결과를 초래할 수 있다는 의견을 피력하였다.

이러한 견해는 일부 타당한 측면이 있는가 하면, 법안의 취지나 내용의 검토가 미진하거나 오해를 한 측면도 있어 이 책의 후반부에 각 조문의 내용을 설명하는 과정에서 상세히 검토될 것이다.

ADR 기본법을 이렇게 제정하자

우선 ADR 기본법 중 갈등관리기본법은 이미 제출되어 계류되어 있는 복수의 법안들을 통합하여 대안으로 마련하면 그 제정에 있어 어려움이 없다. 그동안 수많은 법안들이 국회에 제출되고 심사하는 과정에 심도 있는 검토가 많이 이루어져 왔기 때문이다.

하지만 대체적 분쟁해결 기본법은 이에 대한 조문까지 마련한 법안이 단 한 번 국회에 제출되었을 뿐이다. 그 법안 외에 구체적으로 조문을 제시하는 대체적 분쟁해결 기본법안을 다시 찾기 어려운 실정이므로, 19대 국회에 제출되었던 대체적 분쟁해결 기본법안에 대해 그동안 지적되고 논의된 사항들을 반영하여, 그 논점들을 정리하고 추가적으로 설명할 부분

은 설명하고 수정할 부분은 수정하여 다시 그 대체적 분쟁해결 기본법안
의 수정안을 제시하고자 한다.

따라서 이하에서는 대체적 분쟁해결 기본법을 입법화하기 위한 제정안
을 제시하기 위하여 동 법안의 체계와 내용을 설명하고, 이어서 조문별로
축차적으로 성안하여 제시하고자 한다.

제2장

우리나라 ADR기본법
제정을 위해
대체적 분쟁해결
기본법안을 제시하다

대체적 분쟁해결 기본법의
체계와 내용을 어떻게 구성할까?

1. 미국이나 일본처럼 한 분야만 담을 것인가,
민간형·행정형·사법형 ADR을 모두 총괄할 법을 만들 것인가

대체적 분쟁해결 기본법을 제정하고자 할 때 미국의 사법형 ADR 기본법이나 일본의 민간형 ADR 기본법과 같이 어느 한 분야를 촉진하는 기본법을 제정하는데 그칠 것인가, 아니면 민간형, 행정형, 사법형 ADR을 아우르는 전체적인 총괄법을 만들 것인가에 대한 고민에 봉착하게 된다.

지난 19대 국회에 제출되었던 대체적 분쟁해결 기본법안은 민간형, 행정형, 사법형ADR을 포괄하는 기본법을 제시하였다. 이에 대해 당시의 법제사법위원회에서는 동법안이 민사뿐만 아니라 공공기관의 업무와 관련된 행정형 ADR까지 담고 있어 다른 법률과의 관계에서 체계상의 혼란을 초래할 우려가 있다는 의견이 있었다(강남일, 2014: 15).

이러한 견해는 일견 합당한 것으로 느껴지기도 하나 대체적 분쟁해결 기본법안이 담고 있는 내용에 대한 검토가 미흡한 것에서 나온 것으로 보인다. 동 법안은 각 개별 법률로 규정되고 있는 행정형 ADR에 대하여 현재 운용되고 있는 체제를 그대로 인정한 채 대체적 분쟁해결 기본법안에서 추가적인 '중립인' 제도를 도입함으로써 당사자로 하여금 분쟁해결 수단의 선택 폭을 넓혀주고, 각 행정형 ADR을 담고 있는 법률들이 미처 규율하지 못하고 있는 부분들에 대해서 보충적인 규정만을 담고 있으므로 체계 간의 혼란이나 문제는 발생하지 않을 것으로 생각된다.

따라서 이하에서 제시되는 대체적 분쟁해결 기본법안은 민간형뿐만 아니라 행정형과 사법형 ADR까지 망라하여 대체적 분쟁해결에 적용될 공통원칙과 지도원리 등을 담아 기존의 중재법, 민사조정법, 개별적인 행정형 ADR법들을 지도하고 보충하는 내용을 담고자 한다.

동 법안의 취지대로 우리나라에 대체적 분쟁해결 기본법이 제정될 수 있다면, ADR의 제도적 기반을 구축하고 그로 인해 국가적 관심과 지원을 끌어냄으로써 향후 우리나라 ADR 발전의 획기적인 초석이 될 수 있을 것으로 생각된다. 우리나라에서 대체적 분쟁해결 제도를 활성화하고 정착시키기 위한 학계의 관심과 실무계의 갈망은 상당히 높은 편이다. 그러나 그러한 관심과 열망을 현실에 정착시키기 위한 입법적·제도적 노력은 상대적으로 저조한 실정이다.

미국, 일본을 비롯한 많은 나라들이 대체적 분쟁해결제도를 발전시키기 위하여 입법적으로 지원해 온 역사적 사실을 우리는 주의 깊게 살펴보아야 한다. 이제는 우리나라에서도 대체적 분쟁해결 기본법 제정의 당위성만 주장하는 단계를 넘어 구체적인 법체계와 조문들을 제시해야 할 시점에 와 있다.

2. 대체적 분쟁해결 기본법의 법률 체계를 구성해보자

일반적으로 법률의 기본적인 형식과 체계는 크게 본칙과 부칙으로 나누어지며, 본칙은 다시 총칙규정, 실체규정, 보칙규정 및 벌칙규정으로 이루어진다(국회 법제실, 2019: 99).

이러한 법률의 기본적인 형식을 감안하여 검토해 볼 때 대체적 분쟁해결 기본법은 우선 제1편 총칙을 두어 대체적 분쟁해결 기본법이 필요한 이유를 설명하는 목적을 비롯하여, '대체적 분쟁해결'이라는 용어의 정립과 '당사자', '중립인' 등 분쟁해결 과정에서 필요하고 수반되는 용어를 정리하여 규정해 주는 정의 규정, 대체적 분쟁해결 기본법의 기본이념, 대체적 분쟁해결 제도의 발전을 위해 필요한 행정적·재정적 지원 등을 위한 국가 등의 책무, 다른 법률과의 관계 등을 규정하는 것이 좋을 것이다.

다음으로는 실체적 규정으로서 제2편 대체적 분쟁해결을 두고 그 이하에 제1장 통칙을 두어 대체적 분쟁해결을 진행하게 될 때 필요한 대체적 분쟁해결의 효력이나 비용부담, 절차의 통합, 절차의 비공개 같은 규정들

우리나라 ADR법, 이렇게 제정하자

을 담는 것이 좋을 것이다.

통칙을 규정한 뒤에는 제2장 대체적 분쟁해결 절차 참가자를 규정하여야 하는데, 이에는 당사자와 그 대리인, 당사자가 아닌 자로서 당해 분쟁과 이해관계가 있는 이해관계인 등에 대한 규정이 필요하고, 추가로 대체적 분쟁해결을 진행하게 되는 중립인에 대한 규정이 필요하다. 중립인에 대한 규정에는 중립인의 자격 요건, 결격 사유, 중립인 명부 등을 규정하여 중립인 제도의 법제화를 마련하고, 중립인의 선정 절차를 비롯하여 중립인의 권한·책무 등을 규정하여야 할 것이다.

다음으로 대체적 분쟁해결의 기본법이자 통합법을 지향하는 본 법안의 취지를 감안하여 '조정'의 방식과 절차에 대한 독립적인 제3장 조정을 마련하면, 조정 절차에 대한 별도의 법률을 제정하지 않고도 이 기본법의 제정만으로 조정의 절차에 필요한 규정도 통합하는 효과를 얻을 수 있을 것이다.

다음으로는 민간형 ADR로서 제3편 민간사업자에 의한 대체적 분쟁해결을 두어 일본의 ADR촉진법처럼 대체적 분쟁해결을 업무로 하고자 하는 민간사업자를 대상으로 하는 인증제도의 도입을 위한 규정들을 고려해 볼 수 있다. 그러한 전제하에 인증의 방법, 인증의 결격 사유, 인증사업자가 인증업무를 지속하기 어려울 경우 다른 인증사업자에게 넘기는 업무의 인계·인수 절차, 보고·검사 및 인증사업자에 대한 국가의 지원 등에 관한 규정을 담을 수 있을 것이다.

이어서 행정형 ADR로서 제4편 공공기관에 의한 대체적 분쟁해결을 두어 공공기관의 업무와 관련된 분쟁해결을 신청하는 절차, 관계기관의 협조, 공공기관의 정보공개에 관한 법률에 의한 정보공개와 관련한 특칙 등을 규정할 수 있을 것이다. 여기에서는 그동안 행정형 ADR의 절차나 효력 등이 통일성이나 체계성이 부족하다는 지적이 끊임없이 제기되어 왔던 것을 감안하여, 이 기본법 안에 행정형 ADR을 통일하는 규정을 두는 방법을 생각해 볼 수 있다. 하지만 개별적인 행정형 ADR의 특성을 도외시한 채 이 법안으로 모두를 정리하고자 하면, 더 큰 혼란을 유발할 수 있으므로 행정형 ADR제도에 대한 별도의 새로운 차원의 합의가 이루어지기 전까지는 각 행정형 ADR의 성격과 그 발전과정을 존중하여 현행 행정형 ADR 제도를 그대로 유지한 채, 이 기본법에서는 중립인을 통한 추가적인 분쟁해결절차의 제시와 보충적인 규정만을 적용하고자 한다.

다음으로 사법형 ADR로서 제5편 법원에 의한 대체적 분쟁해결을 두어 법원이 현재 민사조정법에 따른 조정 외에 조기중립평가(early neutral evaluation) 등 다양한 대체적 분쟁해결 방식을 제공할 수 있는 법적 근거를 부여하고, 최근 논란이 되고 있는 대체적 분쟁해결 전치주의의 도입과 그 도입의 정도를 고려한 조문의 마련, 대체적 분쟁해결을 위한 소송절차의 중지, 대체적 분쟁해결에 관한 대법원의 규칙 제정 권한 등을 규정하고자 한다.

그다음으로는 제6편 보칙에 소멸시효의 중단, 준용 규정, 인증사업자에 대한 벌칙 적용 시의 공무원 의제 등을 두어 다른 곳에 규정하기 애매하

우리나라 ADR법, 이렇게 제정하자

지만 이 기본법의 시행을 위해 필요하다고 생각되는 내용들을 담을 수 있을 것이다.

마지막으로 제7편 벌칙에는 직무상의 비밀을 누설하거나, 증인·참고인 또는 감정인으로서 허위의 진술이나 감정을 한 자 등에 대한 처벌 규정이 필요할 것이다.

이러한 편제를 감안하여 대체적 분쟁해결 기본법의 체계를 도표화하면 다음과 같다.

〈그림4〉 대체적 분쟁해결 기본법(안)의 체계

대체적 분쟁해결 기본법 제정안을
조문별로 탐색해보자

이하에서는 대체적 분쟁해결 기본법 제정안을 조문별로 성안하고 해당 조문에 대한 취지나 논점에 대해 검토한 결과를 설명하는 형식을 취하고 있다. 이 제정안의 전체 구성은 71개 조로 되어 있으며 조문 수가 비슷한 가사소송법을 참조하여 그와 유사한 편·장·절 체제를 유지하였다. 대체적 분쟁해결 기본법 제정안을 각 편·장·절과 조문별로 구분하여 그 내용과 의미를 설명해나가고자 한다.

1. 총칙과 대체적 분쟁해결 편의 조문을 알아보자

〈 제1편 총칙 〉

제1조(목적)

이 법은 민사 및 공공기관의 업무에 관한 분쟁에 대하여 재판 외의 대체적 분쟁해결제도의 확립을 위한 기본적인 사항을 규정함으로써 신속하고도 합리적인 분쟁해결을 도모하고, 분쟁 당사자가 적합한 대체적 분쟁해결 절차를 용이하게 선택하게 하여 국민의 권리이익 실현에 이바지하는 것을 목적으로 한다.

이 법안의 제1조는 이 법이 추구하고자 하는 목적을 규정하고 있다. 여기에서 제시되는 대체적 분쟁해결 기본법안은 일본의 ADR촉진법 제1조가 '민사상'의 분쟁해결을 대상으로 하고 있음에 비하여, 민사상의 분쟁뿐만 아니라 행정영역인 공공기관의 업무와 관련된 분쟁으로까지 그 대상을 확대하였다. 이는 이 법안이 민간형 ADR만 규율하는 일본법과는 달리 민간형에서부터 사법형과 행정형 ADR까지 포괄하는 종합적인 ADR기본법으로서의 위상을 지향하고 있기 때문이다.

일본의 ADR촉진법과의 차이를 보다 상세히 살펴보기 위하여 일본의 ADR촉진법 제1조를 먼저 살펴보자.

제1조(목적)

이 법률은 내외의 사회경제 정세의 변화에 수반하여 재판외 분쟁
해결절차(소송절차에 의하지 아니하고 민사상의 분쟁의 해결을 하고
자 하는 분쟁당사자를 위하여 공정한 제3자가 관여하여 그 해결을
도모하는 절차를 말한다. 이하 같다)가 제3자의 전문적인 식견을 반
영하여 분쟁의 실정에 맞는 신속한 해결을 도모하는 절차로서 그 중
요성을 더해가고 있는 점에 비추어, 재판외 분쟁해결절차에 관한 기
본이념 및 국가 등의 책무를 정함과 동시에, 민간분쟁해결절차의 업
무에 관하여 인증제도를 두고, 더불어 시효의 중단 등에 관한 특례를
정하여 그 편의의 향상을 도모하는 것 등에 의하여, 분쟁당사자가 그
해결을 도모하는 데 적합한 절차를 용이하게 선택하게 함으로써 국
민의 권리이익의 적절한 실현에 이바지하는 것을 목적으로 한다.

이와 같이 일본의 ADR촉진법 제1조는 '제3자의 전문적인 식견'을 반영
하여 '신속한 해결'을 도모한다고 규정하고 있는 데 비해, 이 법안은 제3자
의 식견이라는 표현은 직접적으로 사용하지 않았다. 이는 대체적 분쟁해
결이란 개념이 이 법안의 제2조 정의 규정에서 '중립인의 도움으로'라는 제
3자의 개입을 포함하고 있기 때문이다.

또한 일본법의 '신속한 해결' 대신 '신속하고도 합리적인 분쟁해결'로 하
였다. 여기서 ADR의 주요 목적 중 하나인 '저비용'이란 표현을 넣을 것인

우리나라 ADR법, 이렇게 제정하자

가에 대하여 고민하였으나 저비용이라는 개념이 사건의 내용과 성질에 따라 상대적 차이가 크고, 동일 기준으로 재판과 ADR 사이의 비용관계를 비교하기가 어려워 이에 대한 논란이 많으므로 '신속하고도 합리적인 분쟁해결'이 이루어지면 비용도 낮아질 수 있다는 측면에서 이 정도로 규정해도 무리가 없을 것으로 생각하였다.

일본의 ADR촉진법은 그 외 기본이념, 국가 등의 책무, 인증제도, 시효의 중단 등에 대한 특례 등을 규정하고 있다는 식으로 법 전체에 대한 개괄적인 소개의 형식을 취하고 있으나, 이는 동 법의 목적이라기보다는 법률이 담고 있는 전체 개요에 관한 규정 방식으로서 우리나라의 입법실무에서는 잘 취하지 않는 방식이다. 조 제목이 목적이면 직접적으로 목적에 대해서만 규정하는 우리나라의 입법방식이 우위에 있지 않나 생각된다.

참고로 대체적 분쟁해결과 관련하여 우리나라의 현행법상 '재판 외 분쟁해결 절차'라는 표현을 조 제목에서 직접적으로 쓰고 있는 법률의 예로는 '지식재산 기본법'이 있다.

⚖

지식재산 기본법 제22조(재판 외 분쟁해결 절차 활성화)

정부는 지식재산 관련 분쟁이 신속하고 원만하게 해결될 수 있도록 조정·중재 등 재판 외의 간단하고 편리한 분쟁해결 절차를 활성화하고, 전문성을 제고하며, 쉽게 이용될 수 있도록 안내와 홍보를 강화하는 등 필요한 조치를 하여야 한다.

한편 제1조(목적)와 관련하여 19대 국회 법제사법위원회의 전문위원 검토보고서에서 '공공기관'은 행정심판법 등 다른 법률상의 분쟁해결절차가 적용될 수 있으므로 이러한 법률과의 관계에 대한 고려 없이 제도 도입을 추진할 경우 체계상의 혼란을 초래할 우려가 있다는 의견이 있었다(강남일, 2014: 15).

그러나 이는 행정심판법에 따른 행정심판 절차와 이 법에 따른 대체적 분쟁해결 절차는 그 성격이 다르다는 것을 간과한 견해이다. 예를 들어 통합적인 대체적 분쟁해결 기본법이 아니라 단순히 행정형 ADR 절차를 규율하는 '행정절차에 있어서의 대체적 분쟁해결에 관한 법률'이 합의되어 통과되었다고 가정하자(학자들은 개별적으로 난립되어 있는 행정형 ADR을 통일적으로 규율할 법을 제정하자는 주장도 많다). 그러면 이 역시 행정심판법과의 관계에서 체계상의 혼란이 있다고 주장할 것인가?

법원에 의한 재판절차를 규율하는 소송법이나 행정심판 절차를 규율하는 행정심판법은 화해나 타협을 지향하는 ADR과는 출발이 다른 것이며, 양 당사자의 의견을 듣고 법관에 의한 판결이나 행정청에 의한 재결이라는 형식으로 결론을 내는 방식은 대체적 분쟁해결 절차와는 다른 선상에 있는 것이다. 이러한 절차들을 이용할지, 아니면 보다 유화적인 대체적 분쟁해결 절차를 이용할지는 당사자의 선택에 따른 문제이다.

따라서 이 법에 따라 공공기관의 업무에 관한 분쟁을 대체적 분쟁해결

제도에 의해 해결한다고 하여 체계상의 혼란 문제는 발생하지 않을 것이다. 오히려 이 법에 공공기관의 업무에 관한 분쟁해결을 규율하고자 할 경우, 기존의 개별적인 행정형 ADR을 규율하고 있는 개별법들과의 관계를 어떻게 설명할 것인가가 더 주요한 포인트가 될 것이다. 이에 대해서는 이하의 해당 조문에서 자세히 설명하고자 한다.

제2조(정의)

이 법에서 사용하는 용어의 정의는 다음과 같다.

1. "대체적 분쟁해결"이란 법원의 재판이나 행정심판 등에 의하지 아니하고, 당사자의 동의 또는 합의에 기반하여 중립인의 도움으로 신속하고 합리적으로 분쟁을 해결하는 것으로서 대통령령으로 정하는 절차를 말한다.

2. "당사자"라 함은 대체적 분쟁해결 절차에 의한 결과로 인해 중대하게 영향을 받을 자로서 대체적 분쟁해결의 신청인 또는 피신청인으로 그 절차에 참여하는 자를 말한다.

3. "이해관계인"이란 대체적 분쟁해결 절차에 의한 결과로 인해 이해관계의 영향을 받을 자로서 대체적 분쟁해결의 신청인 또는 피신청인이 아닌 분쟁해결 절차 참여자를 말한다.

4. "중립인"이란 대체적 분쟁해결에 있어 이 법에 따른 자격 교육을 이수하고 중립인 명부에 등재된 자로서 당사자들을 중립적으로 돕는 역할을 하는 조정인, 중재인 등의 제3자를 말한다.

5. "조정"이란 당사자들의 분쟁해결을 위하여 중립인이 개입하여 자발적 합의를 도출하는 것을 지원하는 대체적 분쟁해결 절차를 말한다.

6. "조정인"이란 조정을 수행하는 중립인을 말한다.

7. "이웃분쟁"이란 생활권을 같이하는 이웃 간에 발생하는 이해관계의 충돌을 말한다.

8. "공공기관"이란 중앙행정기관, 지방자치단체와 그 밖의 공공단체 중 대통령령으로 정하는 기관을 말한다.

---

9. "위원회"란 그 명칭 여하에 불구하고 공공기관의 업무와 관련된 분쟁해결을 위하여 다른 법령에 의해 해당 공공기관에 설치된 대체적 분쟁해결 절차를 진행하는 합의체를 말한다.

제2조에서는 이 법의 용어에 관한 정의를 규정하고 있다. 특히 법률 용어상으로는 '대체적 분쟁해결'이란 용어를 최초로 도입하기 때문에 이에 대한 정의를 명확히 할 필요가 있다. 이 용어가 규정되면 그동안의 '대안적 분쟁해결', '재판 외의 분쟁해결', '소송 외의 분쟁해결', 'ADR' 등으로 다양하게 사용되던 용어를 통일하는 효과가 있을 것이다.

그런데 이 법안에서 사용하는 '대체적 분쟁해결'의 범위에 학문상의 협상이나 알선을 포함할 것인지에 대하여 고민할 필요가 있다. 생각건대 나중에 이 법안의 제정과정이나 대통령령의 마련 과정에서 논의되겠지만, 이 법안에서 사용하는 '대체적 분쟁해결'의 방식에 대하여는 중립인의 개입이 없는 당사자끼리의 협상이나 단순한 상담 등은 제외하는 것이 좋을 것이다.

일본에서 상담을 고충 처리 차원에서 대체적 분쟁해결의 통계에 넣는 것을 자주 보는데, 소비자 상담이나 고충 처리를 대체적 분쟁해결의 한 방식으로 하느냐의 여부는 입법정책상의 문제라고 하겠으나, 이 법안에 의하면 대체적 분쟁해결이란 전문 자격이 있는 제3자인 중립인의 도움을 받아 분쟁을 해결하는 것을 나타내므로 상담이나 직원에 의한 직접적인 고충 처리 등은 제외하는 것이 좋을 것이다.

우리나라 ADR법, 이렇게 제정하자

'알선'의 의미는 그것을 운영하는 기관별로 다양하게 사용되고 있다. 예를 들어 분쟁해결기관의 내부직원이 제3자에 의뢰하지 않고 직접 사건을 처리하는 경우에 이를 알선이라고 하는 곳이 있는가 하면, 제3자에게 분쟁해결을 의뢰하는 경우를 알선이라고 하는 곳도 있다. 따라서 내부 직원이 상담하면서 처리해 주는 것이 아니고 제3자인 알선인이 개입하여 분쟁을 해결하여 주는 것이라면 이 법안의 대체적 분쟁해결의 범위에 포함할 수 있을 것이다.

또 여기서 대통령령으로 정하는 절차라고 한 것은 조정이나 중재와 같은 일반적인 방식 외에 조기중립평가(early neutral evaluation), 간이심리(mini-trial) 등 대체적 분쟁해결 방식을 보다 신축적으로 규정할 수 있게 하기 위함이다. 그런데 대체적 분쟁해결 방식을 대통령령으로 열거하게 하는 방식보다는 '법원의 재판이나 행정심판 등에 의하지 아니하고, 당사자의 동의 또는 합의에 기반하여 중립인의 도움으로 신속하고 합리적으로 분쟁을 해결하는 절차'라고만 규정하여 분쟁해결 방식을 보다 포괄적이면서도 유연하게 규율하는 방안도 있을 것이다.

한편 '중립인(neutrals)'이란 용어가 아직은 우리 일상생활에서 생소할 수 있다. 하지만 외국에서는 조정인이나 중재인 등 분쟁해결절차에서 중립적인 역할을 하는 제3자를 포괄적으로 중립인(neutrals)으로 많이 사용하고 있다. 또 대체적 분쟁해결에서는 일반적으로 중립적인 위치에서 분쟁 당사자의 분쟁해결을 도와주기 위해 전문적인 제3자가 개입하기 때문에 이에 대한 용어가 정립될 필요가 있다.

현재 개별법에서는 조정인, 중재인, 재정인 등으로 사용되고 있으나, 이러한 기능을 수행하는 사람들을 통칭하는 전문직업인으로서의 명칭이 필요하다고 할 수 있다. 이러한 개념 정립은 중립인의 자격요건과 훈련 프로그램을 개발하는 데도 도움이 될 것으로 판단되며 대체적 분쟁해결의 체계적 발전을 도모하기 위해서도 필요한 개념이다.

'이웃분쟁'은 생활권을 같이하는 이웃 간에 발생하는 이해관계의 충돌을 말한다. 이 법안에서는 지난 19대 국회에 제출된 법안에 포함되지 않았던 이웃분쟁조정제도에 대한 근거 조항을 담기로 했다. 지역사회 내에서 주민들의 생활과 관련된 크고 작은 분쟁을 소송 외의 방법으로 간편하게 해결하고자 하는 것이 이웃분쟁조정(Community Mediation) 제도이다. 이웃분쟁조정제도는 미국에서 1970년대에 실험적으로 시작된 이래 현재도 미국 내에 400개가 넘는 이웃분쟁조정센터(Community Mediation Center)가 운영되고 있을 뿐만 아니라 영국, 오스트레일리아, 캐나다 등의 선진국을 비롯하여 아시아에서도 싱가포르, 말레이시아, 네팔 등에서 도입되어 운영되고 있다(박철규, 2018: 16-19). 이에 우리나라도 광주마을분쟁해결센터를 비롯하여 서울이웃분쟁조정센터가 설립되어 운영되고 있고, 그 밖의 많은 지방자치단체에서 연이어서 설립 움직임이 있는 등 이에 대한 입법적 지원이 절실한 단계에 있기 때문이다.

이 법안에서 '위원회'란 행정형 ADR의 일환으로 '분쟁조정위원회'나 '조정(중재)위원회' 등 명칭 여하에 상관없이 공공기관에 설치되어 대체적 분쟁해결을 수행하기 위한 합의제 기구를 의미한다. 개별법상 공공기관에서는 합의제 형식의 위원회에서 분쟁해결을 하게 하는 경우가 많다.

하지만 이 법안에서는 위원회 형식으로 분쟁을 해결하는 방식은 각 개별법에 맡겨 두고, 해당 공공기관에서 위원회 외에 별도의 중립인을 분쟁해결 당사자들이 선택할 수 있도록 하였다. 따라서 분쟁해결 당사자들은 공공기관의 업무와 관련된 분쟁의 해결을 원할 경우에 해당 법에 따른 공공기관에 설치된 위원회 방식을 선택할 수도 있고, 이 법에 따라 자신의 입장을 보다 귀 기울여 들어줄 중립인을 선택할 수도 있다.

또한 많은 공공기관들이 그나마 그 위원회 방식의 분쟁해결기구조차 설치하고 있지 않은 곳이 더 많은 실정이므로, 해당 기관에서 위원회를 설치하고 있지 않는 경우에는 이 법에 의한 중립인을 통해 분쟁해결을 할 수 있도록 하였다. 이러한 제도적 보완을 위하여 제4편에 공공기관에 의한 대체적 분쟁해결을 두었다.

> ### 제3조(기본이념)
> 대체적 분쟁해결은 분쟁 당사자의 자주적인 분쟁해결 노력을 존중하면서 신속·공정하게 실시되고, 중립인의 전문적인 식견을 반영하여 분쟁의 실정에 맞는 합리적인 해결을 도모하는 것이어야 한다.

대체적 분쟁해결의 기본이념은 당사자 자치를 원칙으로 하는 자주적인 분쟁해결을 주안으로 하면서 신속·공정한 절차의 진행과 전문가의 식견을 반영하여 합리적인 결과를 도출할 수 있는 것이어야 한다는 것을 밝히고 있다.

제4조(국가 등의 책무)

① 국가는 대체적 분쟁해결제도의 확립과 발전을 위하여 대체적 분쟁해결 절차에 관한 국내외의 동향, 그 이용 상황 등에 대한 조사·분석 및 정보의 제공, 대체적 분쟁해결 프로그램의 개발 및 대체적 분쟁해결 관련기관의 육성방안 등을 포함한 종합적인 시책을 세우고 그 시책의 추진에 필요한 행정적·재정적 지원방안 등을 마련하여야 한다.

② 지방자치단체는 대체적 분쟁해결 절차의 보급이 주민복지의 향상에 기여한다는 점에 비추어 국가의 시책에 협조하고 대체적 분쟁해결 절차에 관한 정보의 제공과 그 밖에 필요한 행정적·재정적 지원조치를 하여야 한다.

③ 국가 및 지방자치단체는 지역사회에서 발생하는 이웃분쟁의 해결을 위한 프로그램의 개발과 이웃분쟁 해결 관련기관의 운영에 대한 행정적·재정적 지원방안 등을 마련하여야 한다.

제4조는 국가와 지방자치단체의 대체적 분쟁해결제도의 발전을 위한 책무를 규정하고 있다. 국가는 대체적 분쟁해결제도의 확립과 발전을 위하여 대체적 분쟁해결 절차와 그 이용 상황 등에 대한 정보를 제공하고 대체적 분쟁해결 관련기관의 육성방안 등을 포함한 종합적인 시책을 세우며, 그 시책의 추진에 필요한 행정적·재정적 지원방안 등을 마련하도록 하고 있다. 한편 지방자치단체는 국가의 종합 시책에 협조하고, 역시 대체적 분쟁해결제도의 발전을 위하여 필요한 행정적·재정적 지원조치를 하도록 하였다.

이에 대해 학자에 따라서는 국가기관이 당사자로 되는 경우에는 원칙적으로 대체적 분쟁해결 절차를 이용하도록 국가의 대체적 분쟁해결제도 장려 책무를 부여하는 규정을 두는 것이 좋다는 의견도 있으며, 감사원의 행정기관에 대한 직무 감찰에 있어서도 행정기관의 업무와 관련하여 분쟁 발생 시 ADR을 이용하지 않는 것을 지적하도록 방향 전환을 할 필요가 있다는 견해도 있다(유병현, 2010, 84).

제3항에서는 국가 및 지방자치단체로 하여금 지역사회에서 발생하는 이웃분쟁의 해결을 위한 프로그램의 개발과 이웃분쟁 해결 관련기관의 운영에 대한 행정적·재정적 지원방안 등을 마련하도록 하였다. 국가는 이웃분쟁의 해결을 위한 프로그램의 개발 및 이웃분쟁 해결 관련기관의 육성방안 등을 포함한 종합적인 시책을 세우고 그 시책의 추진에 필요한 행정적·재정적 지원방안 등을 마련하여야 하며, 지방자치단체는 이웃분쟁조정제도에 대한 국가의 시책에 협조하고 집행단계에서 필요한 행정적·재정적 지원조치를 하여야 할 것이다.

제5조(다른 법률과의 관계)
대체적 분쟁해결에 관하여 다른 법률에 특별한 규정이 있는 경우를 제외하고는 이 법이 정하는 바에 따른다.

제5조는 다른 법률과의 관계를 규정하고 있는바 대체적 분쟁해결 절차에 관하여 다른 법률에 특별한 규정이 있는 경우란 중재법, 민사조정법, 가사소송법 등과 각종 조정위원회와 중재위원회 등을 규정하고 있는 행정형 ADR을 포함한 개별법을 말한다. 따라서 중재는 중재법이 우선적으로 적용되고, 법원에서의 민사조정은 민사조정법이 우선적으로 적용되는 등 특정한 대체적 분쟁해결 절차에 관하여 다른 법에 특별한 규정이 있으면

그 법이 우선적으로 적용된다고 할 수 있다.

이는 이 대체적 분쟁해결 기본법이 기존의 ADR 관련법들의 절차나 효력 등을 그대로 인정함으로써 이 법 제정으로 인한 혼란을 방지하고, 이 기본법은 개별법들이 미처 다루지 못하고 있는 부분들을 보충하거나 전체적인 지도원리들을 규율하는 데 그치기 때문이다.

다음으로 우리나라에서 변호사 자격이 없는 사람이 조정 등 대체적 분쟁해결 절차를 주재할 수 있느냐와 관련하여 논란이 있다. 변호사법 제109조(벌칙)에 의하면 '변호사가 아니면서 금품·향응 또는 그 밖의 이익을 받거나 받을 것을 약속하고 또는 제3자에게 이를 공여하게 하거나 공여하게 할 것을 약속하고' 법률사건 등에 관하여 '감정·대리·중재·화해·청탁·법률상담 또는 법률관계 문서 작성, 그 밖의 법률사무를 취급하거나 이러한 행위를 알선한 자'는 '7년 이하의 징역 또는 5천만 원 이하의 벌금'에 처하게 되어 있다.

이와 관련하여 중립인은 분쟁을 전제로 하는 법률사건을 다루게 되기 때문에 분쟁해결의 대가로 보수를 받으면 변호사법 제109조에 의해 처벌을 받을 수 있으므로 그 적용을 제외하는 특례를 ADR 기본법에 규정해 주어야 한다는 의견이 있다. 그런가 하면 분쟁해결에 대한 보수가 아니고 단순히 수고비 정도에 해당하는 경우에는 변호사법에 위반되지는 않는다는 견해도 있다. 또한 형법의 일반원칙에 의한 정당업무행위로 위법성을 조각하는 것으로 볼 수 있다는 견해도 있다(김민중, 2010: 27).

생각건대, 각 분야별로 법률 사건을 다루는 전문직업인인 법무사, 공인회계사, 세무사, 공인중개사 등의 업무를 위해 해당 법에 별도로 변호사법 제109조의 적용을 제외하는 특례를 규정하고 있지 않다는 점을 주목할 필요가 있다. 중재법에 의해 중재인이 사건을 중재하는 것도 같은 맥락이며, 중재인의 활동을 변호사법 위반이라고 주장하는 경우는 들어본 적이 없는 것 같다. 더구나 중재는 변호사법 제109조에 의해 변호사가 아닌 자가 해서는 안 되는 사항으로 나열하고 있기까지 하다. 그러나 최근에 통과된 중재산업진흥법에 따라 국가가 중재의 발전을 적극 지원하기까지 한다. 물론 중재법에 따른 중재인은 반드시 변호사일 것을 요건으로 하고 있지 않다.

변호사법은 법률사무를 일반인이 합법적인 법적 근거 없이 취급하는 것을 금지하는 법이지만, 법무사·공인중개사·중재인·이 법에 따른 중립인 등의 활동은 법률문제가 개입된 사안 중에서 특정한 분야나 특정한 분쟁 해결 절차를 제한적으로 취급할 수 있도록 인정하는 것이고, 그 권한을 주는 법률의 한도 내에서의 활동에 대해서는 변호사법 위반 여부를 논할 필요가 없는 것으로 생각한다.

ADR을 활성화하고 발전시키기 위해서는 단순한 수고비 차원을 넘어 전문적인 직업인으로서의 ADR 전문가에 대한 정당한 보수 체계가 정립되어야 할 것이다. 또 각 분야별로 법률 사건을 다루는 법무사, 공인회계사, 세무사, 공인중개사 등의 업무를 위해 해당 법에 별도로 변호사법 제109조의 적용을 제외하는 특례를 규정하지 않는 것처럼, 중립인의 경우에도 '이 법에 따른 대체적 분쟁해결 업무를 하는 경우에는 자신의 합법적인 업무를 하는 것이고 또 그에 따른 정당한 보수를 받는 것도 당연하다고 할 것이다.

〈 제2편 대체적 분쟁해결 〉

제1장 통칙

제6조(대체적 분쟁해결 절차의 개시 신청)

① 민사 또는 공공기관의 업무에 관한 분쟁해결을 위하여 이 법에 따른 대체적 분쟁해결 절차의 개시를 신청하고자 하는 자는 중립인에게 대체적 분쟁해결 신청서를 제출하여야 한다.

② 제1항에 따라 신청서를 제출받은 중립인은 피신청인에게 이 법에 따른 대체적 분쟁해결 절차에 응할 것인지를 확인하여야 한다.

③ 제1항에 따른 신청서의 기재 사항은 제20조에 따른 대체적 분쟁해결 운영기관이 정하는 바에 따른다.

민사 또는 공공기관의 업무에 관한 분쟁의 당사자가 이 법에 따른 대체적 분쟁해결 절차의 개시를 신청하고자 하는 경우에는 먼저 중립인에게 신청서를 제출하여야 한다. 신청서의 기재 사항은 당사자가 분쟁해결을 의뢰하고자 하는 대체적 분쟁해결 운영기관의 소정 양식에 맞게 작성하면 될 것이다.

여기에서 신청서의 기재 사항을 대통령령으로 정하게 할 것인지 대체적 분쟁해결 운영기관이 정하는 바에 따르게 할 것인지에 대하여 생각해 볼 수 있다. 신청서의 기재 사항을 전국적으로 통일하기 위해서는 대통령령으로 정하게 할 수도 있으나, 이의 양식에 대해서는 대체적 분쟁해결 운영기관의 필요에 따라 달라질 수 있음을 감안하여 대체적 분쟁해결 운영기관이 정하는 바에 따르도록 하였다.

한편 제6조(대체적 분쟁해결 절차의 개시 신청)와 관련하여 19대 국회 법제사법위원회의 전문위원 검토보고서에서 신청서의 제출만으로 절차가 개시되는 것인지, 반대 당사자가 대체적 분쟁해결 절차에 응하지 않겠다는 의사를 어떻게 표시할 수 있는 것인지, 이러한 의사를 표시하면 어떻게 되는 것인지 등 절차상의 흐름이 명확히 규정되어 있지 않아 운영상 혼란을 초래할 여지가 있으므로, 반대 당사자가 거부할 경우 등 절차적 사항들을 보완할 필요가 있다는 의견을 제시한 바 있다(강남일, 2014: 16). 이에 대해서는 상대방이 절차를 처음부터 거부할 경우는 당연히 대체적 분쟁해결 절차를 시작할 수 없다는 것은 ADR의 속성상 기본적인 사항에 해당한다고 하겠다. 따라서 절차는 상대방이 대체적 분쟁해결 절차에 응하겠다는 동의를 표시한 때부터 개시된다고 할 것이다.

또 동 보고서에서는 법률안 제12조(당사자의 의무)에서 당사자가 대체적 분쟁해결 절차의 원활한 진행과 신속하고 합리적인 분쟁해결을 위해 노력하도록 의무를 규정하고 있으므로 신청에 응하여야 하는 의무를 반대 당사자에게 부과하고 있는 것으로 해석될 여지가 있다고 한 바 있다.

이에 대해 설명하면, 법률안 제12조(당사자의 의무)는 당사자가 대체적 분쟁해결 절차를 이용하기로 합의가 된 상태에서 그 절차 과정상 원활한 진행과 신속하고 합리적인 분쟁해결을 위하여 성실하게 노력하여야 한다는 것을 장을 달리하여 '제2장 대체적 분쟁해결 절차의 참가자'에서 규정한 것이다. 따라서 대체적 분쟁해결 절차 시작 전에 절차 자체에 응해야 한다는 의무를 부과하는 것으로 보는 것은 이 법률안의 체계를 잘못 해석한 것으로 볼 수 있다.

다만 대체적 분쟁해결 신청서를 제출받은 후의 절차를 보다 명확하게 하기 위하여 제1항에 따라 신청서를 제출받은 중립인은 피신청인에게 이 법에 따른 대체적 분쟁해결 절차에 응할 것인지를 확인하도록 규정을 보완하였다.

제7조(신청의 각하 등)

① 복수의 중립인 중 대체적 분쟁해결 절차를 주재하는 책임이 있는 중립인(이하 "책임중립인"이라 한다)은 제6조제1항에 따른 대체적 분쟁해결 절차 개시의 신청이 부적법 또는 부적절하다고 인정되는 경우에는 상당한 기간을 정하여 그 기간 내에 흠을 바로 잡을 것을 권고할 수 있다.

② 책임중립인은 대체적 분쟁해결 절차의 신청인이 제1항에 따른 권고에 불응하거나 흠을 바로잡을 수 없는 경우에는 결정으로 신청을 각하할 수 있다.

③ 책임중립인은 신청인이 법원의 재판 또는 이 법에 따른 대체적 분쟁해결 절차를 거치고 있는 경우에는 대체적 분쟁해결 절차 개시의 신청을 결정으로 각하할 수 있다.

책임중립인은 신청인에 의한 대체적 분쟁해결 절차 개시의 신청이 부적법 또는 부적절하다고 인정되는 경우에는 대체적 분쟁해결 절차의 신청인에게 흠을 바로 잡을 것을 권고할 수 있다. 이 경우 책임중립인의 권고에

불응하거나 흠을 바로잡을 수 없는 경우 또는 법원의 소송 또는 이 법에 따른 대체적 분쟁해결 절차를 거치고 있는 경우에는 결정으로 신청을 각하할 수 있다고 할 것이다.

여기에서 이 법에 따른 대체적 분쟁해결 절차를 이미 거친 경우에도 각하 요건으로 둘 것인가에 대하여 고민하였으나, 이미 다른 대체적 방법을 사용한 후에도 양 당사자가 동의하면 다른 대체적 분쟁해결을 다시 시도할 수 있게 하는 것이 당사자의 의사에도 부합하고 대체적 분쟁해결을 촉진할 수 있다는 측면에서 대체적 분쟁해결 절차를 이미 거친 경우에도 다른 대체적 분쟁해결 절차를 다시 신청할 수 있게 하였다.

그런데 여기에서 복수의 중립인이 있는 경우 각하의 요건이 충족되었는가에 대하여 중립인 간에 이견이 있으면 지연의 문제가 발생할 수 있으므로 책임중립인의 결정으로 하게 하였다. 그렇다 하더라도 책임중립인은 그 요건의 충족 여부에 대하여 결정할 때는 다른 중립인의 의견을 물어 합리적으로 결정하여야 할 것이다.

제8조(절차의 통합)

대체적 분쟁해결 절차를 진행하는 중립인은 동일한 사안에 대하여 다수의 분쟁해결 절차의 개시가 신청된 경우에는 대통령령으로 정하는 바에 따라 그 다수의 신청을 통합하여 분쟁해결 절차를 진행할 수 있다.

중립인은 동일한 사안에 대하여 다수의 분쟁해결 절차의 개시가 신청된

경우에는 그 다수의 신청을 통합하여 진행할 수 있다. 이때 '동일한 시기'에 제출된 신청만을 통합할 수 있다고 보아야 하느냐, 나중에 신청된 것이라도 통합할 수 있느냐를 생각할 수 있다(김유환, 2007: 402).

생각건대 나중에 신청되었더라도 동일한 사안이고 통합하여 진행하는데 지장이 없으며 그것이 오히려 더 효율적이라고 인정되는 경우에는 통합을 인정하는 것이 좋을 것이다. 다만 그 구체적인 방법에 대해서는 대통령령으로 정하게 하였다.

제9조(대체적 분쟁해결의 효력)

① 이 법에 따른 대체적 분쟁해결 절차의 결과 당사자 간의 합의가 성립된 경우(중재에 의한 경우를 제외한다)에는 민법상 화해의 효력이 있다.

② 제1항에도 불구하고 다른 법령에 따라 공공기관에 의한 대체적 분쟁해결 절차에서 당사자 간의 합의가 성립된 경우(중재에 의한 경우를 제외한다)에는 그 근거가 되는 다른 법령이 분쟁해결의 효력에 대해 별도로 규정하는 바에 따른다.

이 법에 따른 대체적 분쟁해결 절차에 따른 당사자 간의 합의의 효력에 대하여 '민법상 화해'의 효력만을 인정할 것인가, '재판상 화해'의 효력을 인정할 것인가, 아니면 대체적 분쟁해결 절차의 유형에 따라 '민법상 화해'나 '재판상 화해'의 효력을 각각 다르게 갖게 할 것인가의 문제를 검토할 수 있다.

현행 민사조정법 제29조에서 조정은 '재판상의 화해'와 동일한 효력이 있다고 하고 있고, 행정형 대체적 분쟁해결은 개별법에서 다양하게 규정하고 있다. 일부에서는 '민법상의 화해'와 같은 효력을 인정하는가 하면, 다른 법

우리나라 ADR법, 이렇게 제정하자

률에서는 '재판상 화해'와 같은 효력을 인정하기도 한다. 그런데 각 분쟁조정위원회의 기능과 설립 목적 등에 차이가 있음을 인정한다고 하더라도 '민법상의 화해'와 '재판상의 화해'와는 확정 판결과 같은 효력이 있느냐 없느냐와 같은 큰 차이가 있고 집행력을 당연히 포함하느냐의 문제와 직결되는데 비해서(강현중, 2003: 694-695 참조), 각 개별법에서 부여하는 효력의 차이는 명확한 법적·논리적 근거에 의해서 규정된 것이라고 보기 어렵다.

따라서 조정 등에 확정판결과 같은 효력을 인정한다면 합의에 흠이 있는 경우에 이에 대한 구제가 어렵게 되고 법관에 의한 재판을 받을 권리의 침해라는 위헌 문제가 생길 수도 있다는 의견에 주의를 기울일 필요가 있음 등을 감안하여 중재를 제외하고는 이 법률안에서는 민법상 화해의 효력이 있는 것으로 하였다.

다만 대체적 분쟁해결 기본법의 제정 목적이 민간형 ADR의 정착에 있고 이러한 ADR기본법의 신뢰성 구축이나 분쟁해결을 위한 이중 노력의 방지 필요성 등을 고려하여 대체적 분쟁해결 기본법에 의거한 분쟁해결 절차에 대하여는 집행력이 부여될 수 있게 재판상의 화해와 같은 효력을 부여하여야 한다는 유력한 견해들이 있으므로(김민중, 2008: 47-48), 이에 대해서는 입법과정에서 양자를 형량하여 심도있게 검토하여 결정할 수 있을 것이다.

그런데 대체적 분쟁해결 절차에 따른 당사자 간의 합의의 효력에 대하여 민법상 화해의 효력으로 하더라도 ADR 실효성 제고의 차원에서 집행력을 부여할 필요는 있다. 이에 대해서는 당사자의 신청에 의해 법원이 집행력을 부여하는 집행결정을 하도록 하자는 견해가 있다. 이에 대해 중재도 집행에 관하여는 집행판결을 요하는데 다른 ADR에 대하여 집행결정만으로 충분하게 하는 것은 균형에 맞지 않다는 비판이 있었다. 하지만 2016년 5월의 중재법 개정으로 중재판정에 기초한 집행은 법원에서 집행결정으로 허가할 수 있게 변경하였다.

다른 한편으로는 조정조서에 집행수락의 의사표시를 기재하도록 하여 집행증서로서의 효력을 갖게 하면 된다는 견해가 있지만, 이 경우 현행 민사집행법상 집행증서의 대상 청구권은 일정한 금액의 지급이나 대체물 또는 유가증권의 일정한 수량의 급여를 목적으로 하는 청구에 한하므로 ADR의 이행 확보책은 될 수 없다는 비판이 있다(김원태, 2011: 52-55).

제10조(감정 등의 비용부담)

① 대체적 분쟁해결 절차에서의 감정·진단·시험 등에 소요되는 비용은 당사자 간에 특별한 합의가 없으면 당사자가 각자 부담하여야 한다.

② 중립인은 필요하다고 인정하는 경우 대통령령으로 정하는 바에 따라 당사자로 하여금 제1항에 따른 비용을 예납하게 할 수 있다.

③ 제1항에 따른 비용의 범위 등에 관하여 세부적인 규율이 필요한 경우 제20조에 따른 대체적 분쟁해결 운영기관은 내부 규정을 정할 수 있다.

대체적 분쟁해결 절차는 당사자의 자발적인 의사가 중요하므로 그 절차에서의 감정·진단·시험 등에 소요되는 비용은 당사자의 합의에 의해 정해지는 비율을 부담하게 할 수 있을 것이다. 다만, 당사자 간에 비용부담에

대한 합의가 되지 않는 경우에는 중립인이 부담비율을 정할 수 있게 하자는 견해가 있을 수 있는데, 부담 비율을 중립인에게 정하도록 하면 당사자의 한쪽이 불만을 가지는 상황이 생길 수 있고 그렇게 되면 당사자와 중립인 간의 불신이 깊어져 원활한 분쟁해결 절차에 장애가 될 수 있다. 따라서 당사자 간의 합의를 전제로 하되 합의가 안 되면 당사자가 각자 부담하도록 아예 법률로 정하는 것이 불필요한 잡음과 지연을 예방할 수 있지 않을까 한다.

제11조(절차의 비공개 등)

① 이 법에 의한 대체적 분쟁해결 절차는 당사자가 승인하는 경우를 제외하고는 공개하지 아니한다.

② 당사자와 중립인, 공공기관의 공무원 또는 직원 등으로서 이 법에 따른 분쟁해결 절차에 관여하였던 자와 그 지원업무에 종사하였던 자 및 이해관계인이나 증인·참고인·감정인 등으로 분쟁해결 절차에 참여하였던 자는 다른 법률에 특별한 규정이 있는 경우를 제외하고는 그 대체적 분쟁해결 절차상 알게 된 비밀을 타인에게 누설하거나 직무상 목적 외에 사용하여서는 아니 된다.

대체적 분쟁해결은 상호 간의 신뢰로 매우 개인적이거나 사업상의 비밀에 속하는 사항을 허심탄회하게 소통하여 솔직한 대화와 상호 양보를 끌어내는 것이 긴요하다. 따라서 분쟁해결 진행 중의 사항에 대하여는 철저히 비밀을 유지하도록 비공개를 원칙으로 해야 할 것이다. 단, 당사자가 승인하는 경우에는 예외로 한다. 그런데 여기서 당사자가 아닌 중립인이 승인하는 경우에 예외로 하자는 의견이 있을 수 있다(김유환, 2007: 401). 하지만 누구보다 비밀을 지켜줘야 할 중립인이 공개 여부 권한을 갖는 것

은 이상하다.

대체적 분쟁해결은 당사자의 의사가 가장 중요하며, 오직 당사자가 승인하는 경우에만 공개가 가능하다고 해야 할 것이다. 또한 대체적 분쟁해결에 참여한 당사자나 중립인은 물론 절차에 관여하거나 대체적 분쟁해결 업무를 지원하면서 알게 된 사람들도 다른 법률에 특별한 규정이 있는 경우를 제외하고는 비밀을 유지해야 할 것이며 이를 위반할 시에는 벌칙이 수반되어야 할 것이다. 추가적으로 중립인의 소송에서의 증언거부권을 인정할 것인가의 문제도 검토될 수 있을 것이다.

제2장 대체적 분쟁해결 절차의 참가자

제1절 당사자 등

제12조(당사자의 의무)

당사자는 대체적 분쟁해결 절차의 원활한 진행과 신속하고도 합리적인 분쟁해결을 위해 성실하게 노력하여야 하며, 대체적 분쟁해결 절차의 결과에 따른 자신의 의무를 이행하여야 한다.

당사자는 대체적 분쟁해결 절차에 의해 분쟁을 해결하기로 합의한 이상 중립인의 절차 진행이 원활하게 될 수 있도록 협조하고 분쟁해결이 신속히 이루어지도록 노력하여야 하며, 대체적 분쟁해결 절차 결과의 내용대로 자신의 의무를 이행하여야 할 것이다. '이행하도록 노력하여야 한다.'로

우리나라 ADR법, 이렇게 제정하자

할 것인가 '이행하여야 한다.'로 할 것인가에 대하여 생각할 수 있으나, 어떻게 표현을 하든 결국 이행하지 않았을 경우에는 같은 효과를 가질 수밖에 없고 법문상 대체적 분쟁해결의 결과를 좀 더 확실히 이행하도록 느낄 수 있게 '이행하여야 한다.'로 하였다.

제13조(대표당사자)

① 당사자가 다수인 경우에는 그중에서 1인 또는 소수의 대표자(이하 '대표당사자'라 한다)를 선정할 수 있다.

② 대체적 분쟁해결 절차를 진행하는 중립인은 당사자가 제1항에 따른 대표당사자를 선정하지 아니한 경우에 필요하다고 인정할 때에는 당사자들에게 대표자를 선정할 것을 권고할 수 있다.

③ 대표당사자가 선정된 때에는 다른 당사자들은 그 대표당사자를 통하여서만 그 사건에 관한 행위를 할 수 있다.

④ 대표당사자는 다른 신청인 또는 피신청인을 위하여 그 사건의 분쟁해결에 관한 모든 행위를 할 수 있다. 다만, 신청의 철회 및 조정안 등 분쟁해결안의 수락은 다른 당사자들의 서면에 의한 동의를 얻어야 한다.

⑤ 대표당사자를 선정한 당사자들은 필요하다고 인정하는 경우에는 대표당사자를 해임하거나 변경할 수 있다. 이 경우 당사자들은 그 사실을 지체 없이 중립인에게 통지하여야 한다.

당사자가 다수인 경우에는 그중에서 1인 또는 소수의 대표자를 선정하여 절차를 진행하는 것이 효율적일 것이다. 여기서 '3인 이하'의 대표자로 하자는 의견이 있을 수 있으나(김유환, 2007: 399), 미리 3인 이하로 제한하는 것 보다는 다수 당사자의 인적 구성이 이질적인 네 그룹 이상일 수도 있고 경우에 따라 대표당사자를 3명 이상으로 할 필요성이 있을 경우도 감안하여 소수로 해도 큰 문제는 없을 것으로 판단된다. 대표당사자는

다른 당사자를 위하여 그 사건의 분쟁해결에 관한 모든 행위를 할 수 있다. 다만, 대체적 분쟁해결의 신청을 철회한다든지 조정안 등 분쟁해결안을 수락하는 것은 중대한 문제이므로 다른 당사자들의 서면에 의한 동의를 얻어서 하도록 하였다.

여기에서 공동의 이해관계를 가진 다수인이 대표당사자를 정하기 어려운 경우가 있을 수 있는데, 이 경우 그대로 절차를 진행하면 비효율적일 뿐만 아니라 심각한 지연의 문제가 있을 수 있으므로 당사자 중 1인 또는 수인이 책임중립인의 승인을 얻어 대표자의 역할을 수행할 수 있는 방안을 생각해 볼 수 있다. 그러나 다수 당사자 간에 이견이 있어 대표당사자를 정하지 못하는 사안에 대해 중립인의 승인만으로 대표자를 정하게 하는 것은 더 큰 분란의 소지가 있으므로, 이에 대해서는 당사자들에게 맡겨 놓는 것이 좋을 것으로 생각된다.

제14조(피신청인의 경정)

① 중립인(복수의 중립인일 경우에는 제7조에 따른 책임중립인을 말한다. 이하 이 조에서 같다)은 대체적 분쟁해결의 신청인이 피신청인을 잘못 지정하였을 경우에는 신청인의 신청이나 중립인의 권고에 의하여 피신청인의 경정을 승인할 수 있다.

② 중립인은 제1항에 따른 승인을 한 경우 이를 당사자와 새로운 피신청인에게 통보하여야 한다.

③ 제1항에 따른 승인이 있는 때에는 종전의 피신청인에 대한 절차개시 신청은 철회되고 새로운 피신청인에 대한 신청이 제1항에 따른 경정 신청이 있은 때에 있는 것으로 본다.

우리나라 ADR법, 이렇게 제정하자

대체적 분쟁해결의 신청인이 피신청인을 잘못 지정하였을 경우에는 신청인이 발견할 경우도 있지만 신청인의 착오나 오해로 인하여 잘못되어 있을 경우에 중립인이 발견하고 경정을 권유할 수도 있다. 이 경우 책임중립인은 모든 당사자와 새로운 피신청인에게 이 사실을 통보하여야 할 것이다.

제15조(대리인)

① 당사자는 다음 각 호에 해당하는 자를 대리인으로 선임할 수 있다.
  1. 당사자의 배우자, 직계존비속 또는 형제자매
  2. 당사자인 법인의 임직원
  3. 변호사
② 대리인의 권한은 서면으로 정하여야 한다.
③ 제1항제1호 또는 제2호의 자를 대리인으로 선임하는 당사자는 중립인에게 그 사실과 대리인의 권한을 서면으로 통보하여야 한다.
④ 대리인은 다음 각 호의 행위에 대하여는 당사자로부터 특별히 위임을 받아야 한다.
  1. 신청의 철회
  2. 조정안 등 분쟁해결안의 수락

당사자가 불가피한 사유로 분쟁해결 절차에 참석하기 어려울 경우 대리인을 참석시켜야 할 때가 있다. 변호사가 아닌 배우자, 직계존비속 등을 대리인으로 하기 위해서는 대체적 분쟁해결 절차의 진행을 맡고 있는 중립인의 '승인'을 받도록 하자는 의견이 있을 수 있다(김유환, 2007: 400). 이는 대체적 분쟁해결 절차에서 대리인을 명확히 하고 절차상 관리를 용이하게 하기 위한 것으로 보인다. 그러나 당사자의 대리인을 선임하는 데 분쟁해결 절차를 진행하는 측의 승인까지 받을 필요가 있는지 의문시된다. 대리인의 인적 사항과 권한을 명시한 서면을 통보해서 알게 하는 것으로

충분할 것으로 판단된다.

여기에서 잠깐 입법실무상의 용어에 대해 언급을 하고자 한다. 흔히 직계존비속을 직계 존·비속으로 표현하는 경우가 있다. 임직원도 임·직원으로 표현하기도 한다. 이러한 용어들은 직계존비속, 임직원, 형제자매와 같이 한 단어로 붙여서 사용하는 것이 입법무상으로 올바른 표기임을 참고하길 바란다.

제16조(당사자의 불출석)

① 대체적 분쟁해결의 신청인 또는 피신청인이 사전에 중립인의 허가를 받지 않거나 천재지변 등 대통령령으로 정하는 정당한 사유 없이 통보된 분쟁해결 절차 기일에 출석하지 않으면 대체적 분쟁해결을 위한 합의를 철회한 것으로 본다. 이 경우 중립인은 분쟁해결 절차의 종료를 선언하여야 한다.

② 제1항에 따라 분쟁해결 절차의 종료를 선언하는 경우 중립인은 그 사유를 당사자에게 통보하여야 한다.

③ 제1항에 따른 분쟁해결 절차 기일 불출석의 효과에 대해서는 분쟁해결 절차 기일 통보 시 양 당사자에게 미리 고지하여야 한다.

대체적 분쟁해결의 신청인 또는 피신청인이 절차를 진행하는 중립인으로부터 사전에 허가를 받지 않거나 천재지변 등 대통령령으로 정하는 정당한 사유 없이 통보된 분쟁해결 절차 기일에 출석하지 않으면 대체적 분쟁해결을 위한 합의를 철회한 것으로 본다. 이 경우 중립인은 분쟁해결 절차의 종료를 선언하여야 한다. 이는 분쟁해결 절차를 가능하면 조속히 진행하기 위한 것이며 한쪽 당사자가 불출석 시 출석을 강제할 수도 없기 때문이다.

> **제17조(절차에의 참가)**
>
> ① 사건이 대체적 분쟁해결 절차에 계류되고 있는 경우에 동일한 사유로 그 분쟁해결 절차에 참가하고자 하는 자는 책임중립인의 승인을 얻어 당사자로서 해당 절차에 참가할 수 있다.
>
> ② 당사자가 아닌 자로서 당해 분쟁과 이해관계가 있는 자는 책임중립인의 승인을 얻어 이해관계인으로서 해당 절차에 참가할 수 있다.
>
> ③ 제1항 및 제2항의 경우에 책임중립인은 승인 여부를 결정하는 당시의 당사자들로부터 동의를 얻은 후 승인을 하여야 한다.

동일한 사유로 계류되어 있는 대체적 분쟁해결 절차에 참가하고자 하는 자는 책임중립인의 승인을 얻어 해당 절차에 참가할 수 있도록 하였는바, 예를 들어 복수의 중립인이 있는 경우에 중립인에게 승인권을 주면 중립인 사이에 의견이 엇갈릴 경우 또다시 비효율성의 문제가 대두될 수 있으므로 그 절차를 주재하는 책임중립인에게 승인권을 줌으로써 대체적 분쟁해결의 신속한 진행을 지향하는 이 법안의 특성을 반영하였다.

여기에서 당사자로서 나중에 추가로 참가하는 경우와 당사자가 아닌 이해관계인으로서 분쟁해결 절차에 참가하고자 하는 경우 중립인이 승인을 하고자 할 때 기존 당사자의 의견을 들어서 하게 하자는 견해가 있다(김유환, 2007: 400). 이 경우 의견을 들을 때 당사자가 동의를 해줘야 하는 건지, 단순히 참고로 의견을 듣기만 하고 중립인이 독자적으로 승인해도 되는 것인지 분명하지가 않다.

법률 조문은 상황을 명확하게 규정하는 것이 좋다. 이에 본 법안에서는 책임중립인이 승인 여부를 결정하는 당시의 당사자들로부터 동의를 얻은 후에 승인을 하도록 명확히 하였다. 당사자들로부터 동의를 얻은 후에 승인하도록 한 것은 절차의 지연을 방지하면서도 당사자의 자율적인 의사가 우선시 되어야 함을 반영한 것이다.

제2절 중립인

제18조(중립인의 자격 등)

① 중립인이 되고자 하는 자는 대통령령으로 정하는 자격 교육을 이수하여야 한다. 공공기관이나 법원에 의한 대체적 분쟁해결을 위하여 법령에 따른 당연직으로 중립인의 역할을 하는 경우에는 예외로 한다.

② 제1항에 따른 교육은 법원, 제42조에 따라 법무부장관이 인증하는 대체적 분쟁해결기관 기타 대통령령으로 정하는 기관에서 시행할 수 있다.

제18조는 대체적 분쟁해결 절차를 진행하는 제3자인 전문가를 중립인으로 할 경우 그 자격요건 등을 규정하고 있다. 중립인의 경우 대체적 분쟁해결 절차를 공정하고 합리적으로 진행하기 위하여 갖추어야 할 자질로서는 크게 윤리성(ethicality)과 전문성(expertise)이라 할 수 있다. 또한 전문성에는 자신의 전공과 관련된 전문분야(specialty)의 지식과 대체적 분쟁해결제도와 절차에 대한 지식이나 경험을 지닌 대체적 분쟁해결 전문가로서의 소양을 포함한다 할 것이다.

이 법안에서 중립인이 되고자 하는 자는 대통령령으로 정하는 자격 교육을 이수하도록 하되, 공공기관이나 법원에 의한 대체적 분쟁해결을 위하여 법령에 따른 당연직으로 중립인의 역할을 하는 경우에는 예외로 하였다. 따라서 중립인이 되기 위한 최소한의 교육 이수 시간과 내용을 대통령령으로 규정할 수 있을 것이다. 대통령령으로 정하는 자격 교육에는 중립인으로서 갖추어야 할 최소한의 윤리성과 전문성을 요구하는 교육의 이수 시간과 내용을 포함시켜야 할 것이다. 제2항에서 '기타 대통령령으로 정하는 기관'에는 대한상사중재원, 대한변호사협회를 비롯하여 법학전문대학원 등을 상정하는 것으로서 그 범위를 가능하면 넓혀 줌으로써 대체적 분쟁해결제도의 보다 신속한 저변확대를 도모할 수 있도록 하는 것이 좋을 것이다.

제19조(중립인 결격사유)

다음 각 호의 어느 하나에 해당하는 사람은 중립인이 될 수 없다.

1. 미성년자 또는 피성년후견인
2. 파산선고를 받고 복권되지 아니한 사람
3. 금고 이상의 실형을 선고받고 그 집행이 끝나거나 그 집행을 받지 아니하기로 확정된 후 5년이 지나지 아니한 사람
4. 금고 이상의 형의 집행유예를 선고받고 그 유예기간이 지난 후 3년이 지나지 아니한 사람
5. 금고 이상의 형의 집행유예를 선고받고 그 유예기간 중에 있는 사람
6. 탄핵이나 징계처분에 의하여 파면된 후 5년이 지나지 아니하거나 징계처분에 의하여 해임된 후 3년이 지나지 아니한 사람

중립인은 양 당사자의 중간에서 공정하고도 합리적인 진행에 의하여 분

쟁해결을 위한 대안을 제시하여야 하는바 객관적인 사고능력이나 법률적인 의사결정능력에 있어 하자가 있어서는 아니 될 것이다.

제20조(중립인 명부)

법원, 제42조에 따라 법무부장관이 인증하는 대체적 분쟁해결기관 기타 대통령령으로 정하는 바에 따라 대체적 분쟁해결 절차를 운영하는 기관(이하 "대체적 분쟁해결 운영기관"이라 한다)은 대통령령 또는 대법원규칙으로 정하는 바에 따라 중립인에 대한 명부를 작성하여 일반인이 쉽게 알 수 있도록 홈페이지 등에 게시하고 법무부장관에게 통보하여야 한다.

대통령령으로 정하는 이수 과목이나 이수 시간을 충족시키는 중립인 자격 교육 이수자를 중립인으로 위촉한 대체적 분쟁해결 운영기관으로 하여금 중립인 명부를 작성하고 홈페이지 등에 게시하게 함으로써, 대체적 분쟁해결 운영기관을 선택하는 당사자가 중립인을 쉽게 선택할 수 있게 하여야 할 것이다. 또한 각 대체적 분쟁해결 운영기관은 그 명부를 법무부장관에게 통보함으로써 전국적으로 중립인을 통일되게 파악하고 관리할 수 있게 하는 효과가 있을 것이다.

제21조(중립인의 선정절차 등)

① 제20조에 따른 대체적 분쟁해결 운영기관은 대통령령 또는 대법원규칙으로 정하는 바에 따라 중립인 명부에서 중립인을 선정할 수 있는 절차를 마련하여야 한다.
② 중립인은 당사자 간에 다른 합의가 없으면 복수로 선정함을 원칙으로 하며, 복수로 할 경우에는 홀수로 한다.

---

③ 제2항에도 불구하고 당사자 간에 다른 합의가 없으면 조정인 중립인의 경우에는 1명을 원칙으로 한다.

④ 위원회 외에 대체적 분쟁해결 절차를 운영하고자 하는 공공기관은 법령에 의한 당연직을 제외하고 제20조에 따른 중립인 명부에서 중립인을 임명 또는 위촉하여야 한다.

대체적 분쟁해결 운영기관은 대체적 분쟁해결 절차를 이용하고자 하는 당사자에게 중립인에 관한 정보를 제공하고 중립인 명부에서 중립인을 자유스럽고 편리하게 선정할 수 있는 절차를 마련하여야 할 것이다. 또한 중립인을 선정할 때는 당사자가 별도로 합의하면 1명으로 할 수도 있겠지만 별도로 합의하지 않는 한 복수로 함을 원칙으로 하였다. 복수로 할 경우에는 대체적 분쟁해결 절차를 주재하는 책임중립인을 포함하여 홀수로 하는 것이 효율적으로 운영될 수 있을 것이다. 다만 조정절차는 조정인을 1명으로 하는 것을 원칙으로 하여 조정을 신속하게 진행할 수 있게 하였다.

공공기관에서는 위원회의 형식으로 의결을 통한 분쟁해결을 도모하는 경우가 많지만, 이 법안에서는 그러한 위원회가 아닌 1명 또는 소수의 중립인으로 하여금 대체적 분쟁해결 절차를 운영할 수 있게 하는 법적인 근거를 부여하고 있다. 따라서 당사자가 위원회 방식이 아닌 1명 또는 소수의 중립인을 통한 대체적 분쟁해결을 신청하는 경우에 해당 공공기관은 법령에 의한 당연직을 제외하고는 제20조에 따른 중립인 명부에서 중립인을 임명 또는 위촉하도록 하였다.

한편 제21조(중립인의 선정절차 등)와 관련하여 19대 국회 법제사법위원회의 전문위원 검토보고서에서 당사자가 중립인을 선정할 수 있다는 것인지, 위 기관이 중립인을 선정할 수 있다는 것인지 취지가 불명확하며, 당사자 중 일방이 중립인 선정에 불복할 경우 이를 해결하기 위한 절차도 함께 규정할 필요가 있다는 의견이 있었다(강남일, 2014: 19).

이 또한 이 법안의 조문을 잘 읽어보면 알 수 있듯이, 대체적 분쟁해결 운영기관이 대체적 분쟁해결 절차를 진행할 중립인에 대한 명부를 작성하고 당사자가 이 중에서 자신들의 분쟁을 해결해줄 중립인을 선정하는 것은 당연하며, 당사자 중 일방이 중립인 선정에 불복할 경우 이를 해결하기 위한 절차라든가 세부적인 절차는 이 법에 정한 바에 따라 대통령령으로 정하면 되는 것이다.

제22조(중립인의 제척, 기피, 회피)

① 임명 또는 위촉된 중립인은 다음 각 호의 1에 해당하는 경우에는 당해 사건의 대체적 분쟁해결 절차에서 제척된다.

  1. 중립인 또는 그 배우자나 배우자이었던 자가 당해 사건의 당사자가 되거나 당해 사건에 관하여 공동의 권리자 또는 의무자의 관계에 있는 경우

  2. 중립인이 당해 사건의 당사자와 친족이거나 친족이었던 경우

  3. 중립인이 당해 사건에 관하여 증언이나 감정, 법률자문을 한 경우

  4. 중립인이 당해 사건에 관하여 당사자의 대리인으로서 관여하거나 관여하였던 경우

  5. 중립인이 당해 사건의 원인이 된 처분 또는 부작위에 관여한 경우

② 제1항에도 불구하고 그 제척 사유가 모든 당사자에게 서면으로 공개되고 모든 당사자가 그 중립인의 활동에 동의하는 경우에는 예외로 한다.

③ 책임중립인은 당해 절차의 중립인 중에 제1항의 사유가 있는 때에는 직권으로 제척의 결정을 하여야 한다. 책임중립인에게 제1항 또는 제4항의 사유가 있는

때에는 다른 중립인 중 연장자가 제척의 결정을 할 수 있다.

④ 제1항 외의 사유로 대체적 분쟁해결의 공정을 기대하기 어려운 중립인이 있을 경우에는 당사자는 책임중립인에게 서면으로 기피신청을 할 수 있다. 이 경우 책임중립인은 기피신청이 이유 있다고 인정되는 경우에는 분쟁해결 절차를 진행하는 전체 중립인의 의결을 거치지 아니하고 그 중립인을 제척한다.

⑤ 제4항의 기피신청이 분쟁해결 절차의 지연을 목적으로 하는 것이 분명한 것으로 인정되는 경우에는 책임중립인의 결정으로 기피신청을 각하한다.

⑥ 중립인이 제1항 또는 제4항의 사유에 해당하는 경우에는 책임중립인의 허가를 받아 당해 절차에서 회피할 수 있다.

임명 또는 위촉된 중립인이 당사자와 재정적 또는 개인적 관계에 있을 경우에는 공정한 진행을 위하여 당해 분쟁해결 절차에서 배제되어야 하는 것은 당연하다. 이 경우 복수로 구성된 중립인의 경우 전체 중립인의 의결이 필요한가 아니면 책임중립인 단독으로 결정할 수 있느냐가 논의될 수 있는데, 이에 대해 의결을 요하면 또 다른 논란과 대체적 분쟁해결의 신속성을 저해할 수 있으므로 책임중립인 단독으로 결정할 수 있게 하는 것이 좋을 것이다. 제2항에서는 제척 사유가 있음에도 불구하고 그 제척 사유가 모든 당사자에게 서면으로 공개되고 모든 당사자가 그 중립인의 활동에 동의하는 경우에는 예외로 하였다. 당사자 자치를 중시하는 대체적 분쟁해결의 특성을 반영한 결과이다.

제3항은 책임중립인에게 기피 사유가 있는 때에 다른 중립인 중 연장자가 제척 또는 기피의 결정을 할 수 있게 하는 보완장치를 마련하였다. 제4항에서 제1항 외의 사유로 대체적 분쟁해결의 공정을 기대하기 어려운 중

립인이 있을 경우란 제1항에서 열거된 사유 외의 개인적 친분이 있는 경우나 기타 절차의 공정을 기대하기 어려운 사유로서 책임중립인이 충분히 인정될 수 있는 경우를 말한다.

그러나 제4항의 기피신청이 분쟁해결 절차의 지연을 목적으로 하는 것이 분명한 것으로 인정되는 경우에는 역시 책임중립인의 결정으로 기피신청을 각하하게 하여 균형을 유지하도록 하였다. 제6항에서는 당사자가 이의를 제기하지 아니 하거나 책임중립인이 제척 등의 사유를 인지하지 아니한 경우라도 해당 중립인이 스스로 책임중립인에게 신청하여 당해 절차를 회피할 수 있게 하였다. 이 경우 책임중립인의 허가가 필요한가에 대하여 의문을 제기할 수도 있으나 중립인 사이의 커뮤니케이션을 분명히 하고 대체적 분쟁해결 절차를 명확히 하기 위하여 형식적으로라도 책임중립인의 허가를 받도록 하는 것이 좋을 것으로 생각된다.

제23조(중립인의 공정성)

중립인은 대체적 분쟁해결 절차에서 당사자의 합의를 지원함에 있어 독립적이며 공정하여야 한다.

중립인은 그 직무를 수행하는 과정에서 첫째는 당사자들로부터, 둘째는 임명권자나 위촉권자로부터 독립하여 절차를 진행할 수 있으며, 양 당사자가 만족할 수 있도록 공정한 결과를 도출할 수 있어야 할 것이다.

우리나라 ADR법, 이렇게 제정하자

> **제24조(중립인의 직권조사 등)**
> ① 중립인은 필요한 경우 직권으로 사실관계를 조사할 수 있다.
> ② 당사자의 합의가 있는 경우 중립인은 증인·참고인·감정인 등의 진술을 들을 수 있다.

중립인은 대체적 분쟁해결을 신속히 진행하고 당사자의 합의를 도출하기 위해 필요한 경우 직권으로 사실조사를 할 수 있다. 이 경우 당사자의 일방이 조사를 거부할 경우에는 어떻게 할 것인가에 대해 고민스러운 부분이 있다. 이에 대해서는 중립인의 강제력이 없으므로 중재법이나 민사조정법에서처럼 법원에 조사를 촉탁하는 방법도 생각할 수 있을 것이다. 하지만 법원에 증거조사를 촉탁하는 문제는 당사자의 자율성을 우선시해야 하는 ADR 특성상 신중을 기해야 한다는 의견도 있다(사법제도개혁추진위원회 기획추진단, 2001: 95).

현행 중재법에 의하면, 중재판정부는 직권으로 또는 당사자의 신청을 받아 법원에 증거조사를 촉탁하거나 증거조사에 대한 협조를 요청할 수 있다. 또 민사조정법과 그에 대한 대법원규칙에 따르면, 조정위원회는 사실의 조사 또는 증거조사를 지방법원 판사에게 촉탁할 수도 있고, 조정장에게 사실의 조사 또는 증거조사를 하게 할 수 있으며, 필요에 따라서는 조정위원회는 상당하다고 인정하는 경우 소속법원의 조정위원에게 사실의 조사를 하게 할 수 있다. 따라서 조정위원에게 사실조사에 관한 권한을 인정하는 국내외의 추세에 따라 이 법안에서는 중립인에게 직권으로 사실조사를 가능하도록 하였다.

이에 대해서는 19대 국회 법제사법위원회의 전문위원 검토보고서에서 조사권은 현장조사, 진술청취, 자료제출 요구 등을 전제로 하는 것이므로 전문적 지식이 없는 중립인에게 국민의 권리를 침해하고 의무를 부과할 수 있는 권한을 부여하는 것이 적정한지 여부에 대하여는 검토할 필요가 있다는 의견이 있었다(강남일, 2014: 20).

그러나 중립인에게 전문적인 지식이 없다는 전제는 중립인의 취지를 충분히 이해하지 못한 상태에서 나온 견해로 보인다. 오히려 이 조문에서의 포인트는 전문적인 지식의 문제라기보다는 당사자가 반대할 경우 이를 강제할 수 있는 강제력이나 사실조사의 실효성의 문제가 더 고려해야 할 요소라고 할 것이다.

한편 중립인은 당사자의 합의가 있는 경우 증인, 참고인 또는 감정인 등의 진술을 들을 수 있다. 이 경우 당사자의 합의가 있어야 하는 것은 증인 등의 진술을 들을 때 비용이 들 수 있는 것도 중요한 이유 중의 하나이다. 감정인 등의 진술에 드는 비용은 제9조(감정 등의 비용부담)에 따라 당사자의 합의가 없는 한 당사자의 각자 부담으로 해야 할 것이다.

이에 대해서는 19대 국회 법제사법위원회의 전문위원 검토보고서에서 당사자의 합의가 있는 경우 증인·참고인 등의 진술을 청취할 수 있도록 하고 있으나, 합의가 있다는 사정만으로 이와 같은 권한을 인정해야 할 합리적 근거가 있는지 의문이라고 보았다. 또 증인·참고인·감정인으로서 허위의 진술 또는 감정을 할 경우 형벌에 처하도록 규정하고 있는데, 현행법상

수사기관 등 국가기관에서 허위 진술할 경우에도 처벌하지 못한다는 점에 비추어 이는 대체적 분쟁해결 본래의 취지에 어긋나는 과도한 형벌권 행사에 해당할 수 있다는 의견을 제시하였다(강남일, 2014: 21).

생각건대 당사자의 합의가 있는 경우 증인·참고인 등의 진술을 청취할 수 있다는 것은 그들의 진술을 들어 대체적 분쟁해결에 참고한다는 의미이며, 해당자들이 진술을 거부하는 경우에 이를 강제할 수 있다는 뜻은 아니다. 따라서 중립인이 증인·참고인 등의 진술을 청취할 수 있게 하는 그 자체는 문제가 없는 것으로 생각된다. 다만 증인·참고인 등의 진술을 강제할 수 없는 상태에서 증인·참고인·감정인으로서 허위의 진술 또는 감정을 할 경우 형벌에 처하도록 한 규정은 이 법안의 체계상 지나치다고 보아 삭제하도록 하였다.

제25조(중립인의 책임 면제)

중립인은 대체적 분쟁해결 절차 및 결과와 관련하여 형사상 범죄행위를 제외하고는 어떠한 민형사상 책임을 지지 않는다.

중립인이 분쟁해결을 진행하는 과정에서 본인의 범죄행위를 제외하고 그 절차나 결과와 관련하여 어떠한 민형사상 책임을 지우지 않는 것은 대체적 분쟁해결제도를 발전시키기 위해 필수불가결한 전제 요소이다. 대체적 분쟁해결과 관련하여 중립인 본인에게 형사적인 귀책이 없음에도 불구하고 어떠한 책임을 지도록 하면 중립인은 소극적이고 방어적이 되어 적극

적인 해결 노력을 하지 않으려 할 것이다.

이러한 중립인의 면책조항 도입은 세계적인 추세이다(김경배, 2005: 147-152). 예를 들어 중립인의 면책조항은 대체적 분쟁해결제도의 정착을 위하여 미국의 개정 통일중재법(the Revised Uniform Arbitration Act Of 2000)에서도 새로이 도입된 바 있다. 2000년 미국의 전미통일주법위원회(the National Conference of Commissioners on Uniform State Laws)에서는 그동안 50년 가까이 유지해왔던 1955년의 통일중재법을 ADR계의 새로운 추세를 반영하여 대대적인 개정을 하였다. 그중 중요한 변화 시도는 개별 중재절차의 병합, 임시적 처분, 중재인의 면책조항, 전자적 정보의 활용 등이다.

제26조(중립인에 대한 수당 등)

① 중립인에 대한 수당 등은 법령에 의하여 법원이나 공공기관이 부담하는 경우를 제외하고 당사자 간 별도의 합의가 없으면 당사자 각자 부담으로 한다.

② 중립인 명부를 유지하는 대체적 분쟁해결 운영기관은 대통령령으로 정하는 바에 따라 대체적 분쟁해결 절차에 소요되는 행정비용과 중립인에 대한 수당 등을 당사자가 알기 쉽게 홈페이지 등에 게시하여야 한다.

제26조 제1항과 관련하여 중립인에 대한 수당을 대통령령 등으로 규정하여 전국적으로 통일적으로 규율하는 것이 좋은가에 대하여 고민할 수 있다. 생각건대 대체적 분쟁해결기관의 특성에 따라 주로 처리하는 분쟁이 다를 수 있고, 또한 분쟁의 태양이 다양할 수 있을 뿐만 아니라 중립인의 경험과 수준에 따라 수당이 달라질 수 있으므로 일률적으로 규율하는

우리나라 ADR법, 이렇게 제정하자

것보다는 대체적 분쟁해결기관에서 자율적으로 정할 수 있도록 하는 것이 좋을 것으로 보인다. 법령에 의해 당연직 중립인 역할을 하는 경우에는 본인의 당연한 업무로 취급되어 별도의 수당을 지급하지 않을 수 있다.

제2항과 관련하여 분쟁해결 절차에는 기관을 운영하는 행정비용과 중립인에 대한 수당이 별도로 소요될 수 있으므로 이에 대해 부담의 주체와 그 금액 등에 대하여 대통령령으로 정하는 바에 따라 분쟁해결을 의뢰하는 당사자가 알기 쉽게 게시하여야 할 것이다. 여기에서 대통령령으로 정하는 것은 행정비용과 중립인에 대한 수당이 아니고 자율적으로 정한 동 내용에 대하여 어떠한 방식으로 어느 기간 내에 게시하여야 할 것인가 등을 대통령령으로 정하라는 의미이다.

제27조(협회의 설립)

① 대체적 분쟁해결제도의 건전한 발전과 중립인의 자질 향상, 교육훈련 등을 위하여 중립인은 중립인협회(이하 "협회"라 한다)를 설립할 수 있다.

② 협회는 법인으로 한다.

③ 협회는 주된 사무소의 소재지에서 설립등기를 함으로써 성립한다.

④ 협회 회원의 자격과 임원에 관한 사항 등은 정관으로 정한다.

⑤ 협회의 설립 절차, 정관의 기재 사항과 기타 협회의 업무 및 감독에 필요한 사항은 대통령령으로 정한다.

대체적 분쟁해결제도의 건전한 발전과 중립인의 교육훈련 등을 위하여 중립인단체를 설립할 수 있게 하고, 중립인협회는 대체적 분쟁해결에 대한 제도 연구나 교육훈련 등을 통하여 중립인들의 윤리나 전문성 등에 대한

중립인의 자질을 향상시킬 수 있도록 하였다.

제28조(건의와 자문 등)

① 협회는 대체적 분쟁해결제도에 관한 사항에 대하여 정부에 건의할 수 있고, 대체적 분쟁해결제도에 관한 정부의 자문에 응하여야 한다.

② 협회는 회원 또는 회원 자격을 가진 중립인이 이 법을 위반한 사실을 발견하면 그 내용을 확인하여 대통령령으로 정하는 바에 따라 법무부장관에게 보고하여야 한다.

중립인협회는 대체적 분쟁해결의 발전을 위하여 정부와 소통체계를 가질 필요가 있고, 중립인이 이 법을 위반한 사실이 있을 경우에는 자체 징계하고 그 사실을 법무부장관에게 보고하게 하여 중립인의 불공정성이나 비위 등에 대한 통제장치를 유지하게 하였다.

제29조(「민법」의 준용)

협회에 관하여 이 법에 규정된 사항을 제외하고는 「민법」 중 사단법인에 관한 규정을 준용한다.

중립인협회에 대하여는 이 법에 규정된 사항이 아닌 사안에 대해서는 '민법' 중 사단법인에 관한 규정을 준용할 수 있게 하였다.

제3장 조정

제30조(조정합의)

① 민사 또는 공공기관의 업무에 관한 분쟁의 당사자는 당사자 간에 이미 발생하였
  거나 장래 발생할 수 있는 분쟁의 전부 또는 일부를 조정에 의하여 해결하도록
  하는 합의(이하 "조정합의"라 한다)를 할 수 있다.
② 조정합의는 독립된 합의 또는 계약에 조정 조항을 포함하는 형식으로 할 수 있다.
③ 분쟁을 조정에 회부하기로 하는 당사자의 합의는 구술 또는 서면으로 할 수 있다.

당사자 간에 직접적으로 해결하기 어려운 분쟁은 제3자의 도움으로
용이하게 해결할 수 있는 경우가 많다. 그중에서도 조정 방식은 당사자 사
이에 큰 부담이 없고 유연한 절차와 환경 속에서 분쟁해결을 도모할 수
있으므로 점차 선호도가 높아지고 있다. 이러한 조정 방식을 이용하기 위
해서는 먼저 당사자 사이에 분쟁을 조정절차에 의해 해결하고자 하는 합
의가 필요하다.

조정합의에 대하여 이미 발생한 분쟁뿐만 아니라 계약이나 상거래 시
장래에 분쟁이 발생할 경우에 조정에 회부할 수 있도록 미리 합의를 해 놓
으면, 나중에 분쟁이 발생할 경우에 선택할 수 있는 대체적 분쟁해결 방식
을 미리 조율해 놓는 효과가 있을 뿐만 아니라 조정제도의 활성화에도 도
움이 될 것으로 본다.

그런데 분쟁을 조정에 회부하기로 하는 조정합의를 서면으로만 하게 할
것인지 구술로도 가능하게 할 것인지가 문제가 된다. 참고로 중재법에 의

하면 중재합의는 서면으로 하여야 한다고 되어 있다. 이에 대해서는 조정합의가 있다고 하여 법원에의 제소권이 제한되는 것은 아니기 때문에 중재합의처럼 서면성을 요구할 필요가 없고, 조정합의는 당사자 간에 명시적인 구술뿐만 아니라 일방당사자의 조정신청에 상대방이 응한 경우에 묵시적으로 합의가 있는 것으로 볼 수도 있으므로 반드시 서면으로 행해질 필요가 없다는 견해가 있다(정선주, 2007: 291). 이에 대하여는 이 법안 제32조에서 조정신청서를 작성하도록 하고 있으므로 조정합의 단계에서는 구술로 가능하게 하여도 무방할 것으로 보인다.

제31조(제소와 조정합의)

분쟁을 조정절차에 회부하기로 합의한 경우에도 조정절차의 어느 단계에서든 법원에 소를 제기할 수 있다.

제31조는 분쟁의 당사자가 조정절차가 진행되는 중에 언제라도 조정을 포기하고 법원에 소를 제기할 수 있다고 규정하였다. 이는 당사자가 안심하고 조정절차에 합의할 수 있게 하고 조정절차를 더 손쉽게 이용하게 하는 효과가 있을 것이다.

제32조(조정신청서)

① 조정절차의 개시를 원하는 당사자는 조정신청서를 작성하여 조정인에게 제출하여야 한다.

② 조정신청서에는 당사자, 분쟁의 대상, 조정합의의 내용을 적어야 한다.

조정절차의 개시를 원하는 당사자는 조정신청서를 제출하여야 하며, 신청서에는 양 당사자와 분쟁의 대상이 특정되고 피신청자와 어떠한 조정합의가 있었는가를 기재하여야 할 것이다.

제33조(다수 당사자의 조정절차)

① 공동의 이해관계를 가진 다수 당사자가 있는 경우에 조정신청서는 대통령령으로 정하는 바에 따라 각 당사자에게 개별적으로 송부되어야 한다. 다만, 제13조에 따른 대표당사자가 있는 경우에는 그러하지 아니한다.

② 조정신청서가 송부된 당사자 전원이 조정절차에 동의하지 않는 경우 조정절차는 동의한 당사자 사이에서만 진행된다.

공동의 이해관계를 가진 다수인이 분쟁해결절차의 당사자가 되는 다수 당사자의 경우 조정신청서는 제13조에 따른 대표당사자가 없으면 각 당사자에게 모두 송부되어야 하며 조정절차에 동의하지 않은 당사자에게는 조정의 효력이 미치지 아니한다.

제34조(조정인의 선정)

당사자 간에 합의하면 조정인은 국적에 관계 없이 선정될 수 있다.

조정인의 선정절차는 제21조에 따라 대통령령 또는 대법원규칙으로 정하는 바에 따른다. 필요에 따라 외국인 조정인도 당사자의 합의로 선정될 수 있을 것이다. 「중재법」은 제12조제1항에서 "당사자 간에 다른 합의가 없으면 중재인은 국적에 관계없이 선정될 수 있다"고 되어 있다. 하지만 조정은 중재와 달리 최종성(finality)이 없고 조정을 위해 조정인과 당사자

사이의 의사소통이 더욱 긴밀할 필요가 있으므로 외국인 조정인을 선정하기 위해서는 당사자의 명백한 합의를 필요로 하는 것이 좋을 것이다.

제35조(조정절차의 개시)

① 조정절차는 신청인의 조정신청에 대해 상대방이 동의한 경우에 시작된다.

② 동의의 의사표시는 서면, 팩스, 이메일 등을 통하여 할 수 있다.

③ 상대방이 조정절차에 응한 경우에는 동의의 의사표시가 있는 것으로 본다.

④ 상대방이 신청인이 제시한 기한 내에 답변하지 않거나, 기한을 제시하지 않은 경우에는 조정 신청 후 10일 이내에 답변하지 않으면 조정에 동의하지 아니하는 것으로 본다.

조정절차는 신청인의 조정신청에 대해 상대방이 동의한 경우에 시작된다. 여기에서 조정신청은 서면으로 하는데 상대방의 동의는 구술로도 가능한가에 대하여 생각해 볼 수 있다. 동의를 구술로 하게 되면 나중에 다툼의 소지가 있으므로 조정절차를 명확히 하고 신속하게 하기 위해서는 서면이나 이에 준하는 팩스 또는 이메일 등으로 하게 하는 것이 좋을 것으로 생각된다.

한편 경우에 따라 조정 등 대체적 분쟁해결 절차를 지연의 수단으로 오용하는 경우가 있을 수 있다. 따라서 여기에서는 조정신청을 한 후 상대방이 10일 이내 답변하지 않거나 신청인이 제시한 기한 내에 답변하지 않으면 조정에 동의하지 아니하는 것으로 봄으로써 조정절차를 지연의 전략으로 사용하는 것을 최소화하도록 하였다.

제36조(조정절차의 진행)

① 당사자는 조정절차에서 동등한 대우를 받아야 하며, 자신의 사안에 대해 충분히 진술할 기회를 부여받아야 한다.

② 당사자는 구술 방식으로 할 것인지 또는 서면으로만 조정을 할 것인지 등 조정절차의 진행 방식에 관하여 합의할 수 있다.

③ 당사자의 합의가 없는 경우 조정인은 공정하고 합리적인 방식에 따라 조정절차를 진행한다.

조정은 당사자의 합의에 기초하고 있으므로 조정절차의 진행 방식 역시 당사자의 합의에 의해 서면 방식과 구술 방식을 병용할 수도 있고 서면으로만 조정을 할 수 도 있다. 당사자의 합의가 없는 경우 조정인은 중립적이고 합리적인 방식에 따라 조정절차를 진행해야 할 것이다.

제37조(조정의 성립)

① 조정인은 조정의 어느 단계에서든 조정안을 제시할 수 있다.

② 조정인은 당사자가 조정안에 대해 의견을 제시할 수 있는 기회를 부여하여야 한다.

③ 조정인은 조정안에 대해 당사자에게 합의를 강요해서는 안 된다.

④ 조정안을 당사자에게 제시한 이후 1주 내에 당사자가 반대의견을 제시하지 않으면 조정이 성립된 것으로 본다.

⑤ 조정서는 서면으로 작성하며, 조정인과 당사자(제13조제4항에 따라 대표 당사자가 다른 당사자들의 서면에 의한 동의를 받았을 경우에는 대표당사자)가 모두 서명하여야 한다. 다만, 3명 이상의 조정인으로 구성된 경우에는 과반수에 미달하는 일부 조정인에게 서명할 수 없는 사유가 있을 때에는 다른 조정인이 그 사유를 적어야 한다.

⑥ 조정서에는 이유를 기재할 필요가 없다.

조정인에 의해 조정안이 제시되면 당사자와 의견을 조율하여 조정인은 최종 조정안을 마련하여야 하며 이러한 과정에서 당사자에게 합의를 강요해서는 안 될 것이다. 합의가 성립되지 않는 경우에 민사조정법상의 조정에 갈음하는 결정제도와 같이 ADR 기관이 직권으로 판단을 내리고 일정한 기간 내에 당사자의 이의가 없으면 합의가 성립된 것으로 간주하는 규정을 두자는 견해도 있다(김상찬, 2004: 164).

이는 법관과 다른 중립인 지위의 특성과 당사자의 자율성을 최우선으로 하는 대체적 분쟁해결의 성격상 무리가 있는 것으로 볼 수 있으나, 당사자에게 이의신청을 허용함으로써 자율적인 판단을 할 수 있는 기회를 주기 때문에 대체적 분쟁해결의 효율성을 제고하기 위한 유효한 방법이 될 수 있으므로 입법과정에서 검토해볼 만하다고 생각된다.

이 법안에서는 조정안이 당사자에게 제시된 후 1주 이내에 반대의견이 없으면 조정이 성립된 것으로 간주하도록 하였다. 이에 대해서는 법원의 판결에 대한 불복기간이 2주인 점을 고려하여 2주로 하자는 의견이 있으나(정선주, 2007: 306), 판결에 대한 불복과는 그 비중이 다를 뿐만 아니라 조정절차에서는 조정인과 당사자 사이에 충분히 의사소통이 있었을 것이고 당사자와 조율하여 최종 조정안이 제시되면 이에 대해 당사자는 일반적으로 바로 동의 여부를 표명할 수 있으므로 신속한 조정 절차를 위해 1주 이내로 해도 무방할 것으로 생각된다.

또한 조정서는 서면으로 작성하며, 조정인과 당사자가 모두 서명하도록

우리나라 ADR법, 이렇게 제정하자

하였다. 다만, 3명 이상의 조정인으로 구성된 경우 과반수에 미달하는 일부 조정인에게 서명할 수 없는 사유가 있을 때에는 다른 조정인이 그 사유를 적고, 과반수 이상의 조정인이 서명을 하면 그 성립에 문제가 없게 하였다. 이 역시 조정의 신속한 절차 진행을 고려한 결과이다. 한편 조정은 중재와 달리 조정서에 이유를 기재할 필요가 없다.

제38조(조정서의 경정)

조정서에 오기 기타 이와 유사한 경미한 오류가 있는 경우 조정인은 직권으로 또는 당사자의 신청에 의해 이를 경정할 수 있다.

조정서에 오기 기타 이와 유사한 경미한 오류가 있는 경우 조정인은 직권 또는 당사자의 신청에 의해 이를 경정할 수 있다. 당사자의 경정 신청은 다른 합의가 없으면 조정서를 받은 후 10일 내에 제기하도록 하여야 한다는 의견이 있으나(정선주, 2007: 32), 어차피 내용에 차이가 없는 경미한 자구 수정에 한하므로 큰 문제가 없고 오히려 진실에 부합되는 것이므로 기한에 제한을 두지 않는 것이 더 좋지 않을까 생각된다.

제39조(조정절차의 종료)

① 조정절차는 다음 각 호의 사유에 의해 종료한다.

1. 조정이 성립되거나 불성립이 확정된 경우
2. 신청인이 신청을 철회한 경우
3. 당사자가 조정절차의 종료에 합의한 경우
4. 조정인이 조정절차의 진행이 불필요하거나 불가능하다고 인정한 경우

조정절차는 조정의 성립 외에도 다양한 사유에 의하여 종료된다. 조정의 성립이 실패되면 조정인은 조정절차 종료에 관해 조서를 작성하여야 한다. 이는 제60조에 따른 대체적 분쟁해결 전치주의를 시행하기 위한 요건으로서 조정의 불성립에 대한 중립인의 확인서로 사용될 수 있을 것이다. 이 경우 조정인의 서명은 조정서의 서명과 같게 적용되어야 한다.

제40조(조정서의 집행)
① 당사자는 법원에 조정서의 집행을 신청할 수 있다.
② 법원은 조정서의 집행에 대한 결정을 내릴 수 있다.

조정이 성립되면 당사자가 조정의 내용대로 자발적으로 이행을 하면 문제가 없지만 조정이 성립된 후에도 이행을 하지 않을 경우 이를 강제할 수 있느냐가 조정의 실효성과 관련하여 검토되어야 할 것이다. 조정의 효력이 재판상의 화해가 아닌 단순한 민법상의 화해 계약의 효과밖에 인정되지 않는다면 강제집행을 할 수는 없다.

그런데 조정의 효력에 집행력이 인정되지 않으므로 집행을 위하여 법원에 다시 소를 제기하여야 한다면, 대체적 분쟁해결은 공허한 것이 되고 조정을 이용하려고 하지 않을 것이다. 따라서 법원에 집행결정을 신청하면

법원은 절차적 정당성만을 심사한 뒤 집행력을 부여하는 집행결정을 내릴 수 있는 근거 규정을 두는 것이 필요하다.

또 당사자가 법원에 조정서의 집행을 신청할 때 당사자의 합의가 있어야 하는가에 대한 의문을 제기하는 경우가 있다(정선주, 2007: 308). 이에 대하여는 조정서의 내용에 대해서 합의가 이미 된 상태에서 당사자의 일방이 이행을 하지 않는 경우의 집행력을 확보하고자 하는 데 이 조문의 의미가 있으므로 오히려 당사자의 합의를 전제로 하지 않는 것이 나을 것이다.

제41조(조정절차의 신뢰성)

조정절차에서 행해진 당사자나 이해관계인의 진술 및 제출 자료는 재판 등 이후의 어떠한 절차에서도 원용될 수 없다. 다만, 법률로 공개가 의무화되어 있거나 당사자 사이에 다른 합의가 있는 경우에는 그러하지 아니하다.

조정절차가 원활하게 이루어지고 당사자 간의 신뢰로 허심탄회하게 정보나 자료를 공개할 수 있는 것이 조정절차의 장점인데 당사자나 이해관계인의 진술이나 제출 자료를 재판을 포함한 이후의 다른 절차에서 원용할 수 있을 경우에는 조정의 이점을 최대로 살릴 수가 없다. 그럴 경우에는 조정절차에서 이후의 절차를 의식하여 소극적으로 조정에 임하게 될 수 있다. 따라서 법률로 공개가 의무화되어 있거나 당사자 사이의 합의로 공개할 경우를 제외하고는 재판을 포함한 이후의 절차에서 당사자나 이해관계인의 진술이나 제출 자료를 원용할 수 없도록 하는 것이 보장되어야 할 것이다.

그런데 조정절차에서 제출된 자료를 소송 절차에서 완전히 제외하는 것은 현실적이지 않으므로, 예를 들어 조정합의의 무효확인 소송이나 조정인에 대한 책임을 묻는 소송 등의 경우에는 예외를 인정할 수 있어야 한다는 주장이 있을 수 있으므로 이러한 문제들에 대해서는 법안이 심사되는 입법과정에서 검토할 수 있을 것이다(김상찬, 2004: 165).

2. 민간사업자·공공기관·법원에 의한 대체적 분쟁해결 편의 조문을 알아보자

〈 제3편 민간사업자에 의한 대체적 분쟁해결 〉

제42조(대체적 분쟁해결 민간사업자에 대한 인증 등)

① 법무부장관은 대체적 분쟁해결을 업무로 하는 민간사업자에 대하여 대체적 분쟁해결 민간사업자의 인증(이하 "인증"이라 한다)을 할 수 있다.

② 인증을 받으려는 민간사업자는 법무부장관에게 신청하여야 한다.

③ 법무부장관은 제1항에 따라 인증을 받은 민간사업자(이하 "인증사업자"라 한다)에 대하여는 인증서를 발급할 수 있다.

④ 법무부장관은 인증사업자가 제5항에 따른 인증기준에 적합하게 유지하는지를 점검할 수 있다.

⑤ 인증사업자 지정을 위한 인증기준·신청절차·점검 등에 필요한 사항은 대통령령으로 정한다.

대체적 분쟁해결 민간사업자는 기본적으로 자유롭게 설립되고 활동할 수 있다. 하지만 민간형 ADR은 법원과 같은 국가기관에 비해 신뢰성의 문제가 제기될 수 있다. 또 민간형 대체적 분쟁해결기관에 분쟁의 당사자들이 얼마나 분쟁해결을 의뢰할 것인가의 현실적인 문제가 있다. 이러한 우려를 불식하고 민간형 분쟁해결기관의 신뢰성을 제고하여 민간형 ADR의 발전을 촉진하기 위하여 일본과 같이 대체적 분쟁해결 민간사업자에 대한 인증제도를 도입할 수 있다.

참고로 2004년에 일본은 '재판 외 분쟁 해결 절차의 이용 촉진에 관한 법률'을 제정하여 ADR법을 마련하였다. 일본이 ADR법을 제정하게 된 배경에는 ADR 입법이 세계적으로 확산되는 추세에 주의를 기울이고 ADR 이용이 증가하는 세계적인 동향에 부응하기 위해서였다. 일본 ADR법의 전체적인 구조는 제1장 총칙, 제2장 인증분쟁해결절차의 업무, 제3장 인증분쟁해결절차의 이용에 관한 특례, 제4장 잡칙, 제5장 벌칙으로 구성되어 있다.

대체적 분쟁해결 민간사업자에 대한 인증제도를 도입한다고 하여 인증을 받지 못하면 분쟁해결 사업을 금지하는 것은 아니다. 다만 분쟁해결 민간사업자에 대한 인증을 유도하여 보다 신뢰성 있고 품질이 보장되는 민간형 ADR제도를 우리나라에 확산시키기 위한 것이다.

그런데 대체적 분쟁해결 민간사업자의 인증 및 관리 권한을 어느 국가기관에 둘 것인가에 대해 생각해 볼 수 있다. 이에 대해서는 법무부에 두는 것이 좋은가 법원에 두는 것이 좋은가에 대해 논란이 있을 수 있다. 대체적 분쟁해결은 기본적으로 재판을 대체하는 분쟁해결 수단이고 법원 부속의 대체적 분쟁해결이 민사조정을 중심으로 활성화되어 있다는 점 등을 고려할 때 법원에 인증 및 관리 권한을 주어야 한다는 의견도 있다.

그러나 민간사업자에 인증을 부여하고 인증기준에 적합하게 유지하는지를 점검하여 영업정지나 벌칙을 부과하는 등 행정처분이 이루어지는 행정작용을 고려할 때 집행기관인 법무부에 그 관리감독 관할권을 주고 법원은 대체적 분쟁해결 프로그램의 개발이나 확산을 지원하는 것이 자연스러울 것으로 판단된다. 일본에서도 이에 대한 고민을 했겠지만 법무성에서 관할하는 것으로 입법화되었다.

제43조(인증의 결격사유)

법무부장관은 인증을 받으려는 자가 다음 각 호의 어느 하나에 해당하는 경우에는 인증을 하여서는 아니 된다.

1. 미성년자·피성년후견인 또는 피한정후견인
2. 파산선고를 받고 복권되지 아니한 자
3. 금고 이상의 실형을 선고받고 그 집행이 끝나거나(끝난 것으로 보는 경우를 포함한다) 그 집행을 받지 아니하기로 확정된 후 2년이 지나지 아니한 자
4. 금고 이상의 형의 집행유예를 받고 그 집행유예 기간 중에 있는 자
5. 법인의 대표자를 포함한 임원 중 제3호부터 제4호까지에 해당하는 사람이 있는 경우
6. 제44조에 따라 인증이 취소된 날부터 3년이 지나지 아니한 경우

인증사업자는 타인의 분쟁해결을 위해 합리적인 판단력과 건전한 경제적·사회적 능력을 가져야 할 것이다. 따라서 미성년자·피성년후견인 또는 피한정후견인은 물론 파산자나 일정한 형을 받은 자와 그 법인의 임원이

우리나라 ADR법, 이렇게 제정하자

그러한 형을 받은 경우에는 인증을 하여서는 아니 될 것이다.

또한 인증이 취소된 날부터 3년이 지나지 아니한 경우에도 다시 인증을 줄 수 없도록 하였는바, 이에 대하여는 다른 입법례에서 2년 정도로 하는 경우도 있으나 이 법을 위반하여 인증이 취소된 경우 짧은 기간에 바로 다시 인증해 주는 것을 방지하는 차원에서 3년으로 하였다.

제44조(인증의 취소 등)

① 법무부장관은 인증사업자가 다음 각 호의 어느 하나에 해당하는 경우에는 1년 이내의 기간을 정하여 업무를 정지하거나 인증을 취소할 수 있다. 다만, 제1호에 해당하거나 인증사업자에게 제4호의 사유가 발생한 후 60일이 지났을 때에는 인증을 취소하여야 한다.

  1. 거짓이나 그 밖의 부정한 방법으로 인증을 받은 경우
  2. 제42조제4항에 따른 점검을 정당한 사유 없이 거부한 경우
  3. 업무정지명령을 위반하여 그 정지 기간 중 인증업무를 행한 경우
  4. 제42조제5항의 인증기준에 적합하지 아니하게 된 경우
  5. 다른 사람에게 자기의 성명 또는 상호를 사용하여 제42조에 따른 영업을 하게 하거나 인증서를 대여한 경우
  6. 인증사업자 지정 후 1년 이상 실적이 없는 경우

② 인증사업자는 제1항에 따라 인증이 취소된 경우에는 제42조제3항에 따른 인증서를 반납하여야 한다.

③ 법무부장관은 제1항에 따라 인증을 취소하려면 청문을 하여야 한다.

④ 제1항에 따른 업무의 정지 및 인증의 취소에 관한 절차는 대통령령으로 정한다.

인증사업자가 인증의 기준을 지키지 못하거나 정상적인 영업활동을 하지 못하는 경우에는 영업을 정지하거나 인증을 취소할 수 있다. 특히 거짓이나 그

밖의 부정한 방법으로 인증을 받은 경우나 인증기준에 적합하지 아니하게 되고 60일 이내에 기준을 충족시키는 노력을 하지 않으면 인증을 취소하게 하였다. 감독기관은 인증기준에 부합되는지를 점검할 필요가 있는데 이러한 점검을 정당한 사유 없이 거부한 경우에는 영업정지 처분을 할 수 있을 것이다.

제45조(인증사업자에 관한 정보의 공표)

법무부장관은 대체적 분쟁해결을 촉진하고 인증 분쟁해결 업무에 관한 정보를 널리 국민에게 제공하기 위하여 법무부령으로 정하는 바에 따라 인증사업자의 성명 또는 명칭, 주소 및 해당 업무를 취급하는 사무소의 소재지 그리고 해당 업무의 내용 및 그 실시 방법에 관하여 공표할 수 있다.

법무부장관은 인증 분쟁해결 업무에 관한 정보를 널리 국민에게 제공하기 위하여 인증사업자에 관한 정보를 공표할 수 있다고 하였다. 이에 대하여 대통령령으로 할 것인지 법무부령으로 할 것인지에 대하여 생각할 수 있으나, 인증사업자의 성명 또는 명칭이나 업무 내용 등 구체적인 정보를 공표하는 것이므로 법무부령으로 하게 하였다.

제46조(변경의 신고)

인증사업자는 다음 각 호의 어느 하나에 해당하는 사항의 변경이 있을 때는 법무부령으로 정하는 바에 따라 지체 없이 법무부장관에게 신고하여야 한다.

1. 성명이나 명칭 또는 주소
2. 법인의 경우는 정관, 그 밖의 기본약관
3. 기타 법무부령으로 정하는 사항

우리나라 ADR법, 이렇게 제정하자

인증사업자에 대한 관리감독 차원에서 상호나 주소가 변경되거나 정관 등의 변경 시 법무부장관에게 신고하도록 하였다.

제47조(업무의 인계·인수 등)

① 인증사업자가 업무의 정지나 인증의 취소로 대체적 분쟁해결 업무를 지속하기 어려울 경우에는 당사자의 동의를 얻어 다른 대체적 분쟁해결 운영기관에게 그 업무를 인계하여야 한다.

② 제1항에 따라 업무의 인계를 받은 대체적 분쟁해결 운영기관은 당사자의 동의를 얻어 대체적 분쟁해결 절차를 진행하던 중립인이 계속하게 할 수 있다.

③ 제1항에 따른 업무의 인계·인수 등에 필요한 사항은 대통령령으로 정한다.

인증사업자가 업무의 정지나 인증의 취소로 대체적 분쟁해결 업무를 지속하기 어려울 경우 계류된 사건을 어떻게 처리할 것인가 하는 문제가 생길 수 있다. 이 경우 다른 인증사업자에게 업무를 인계하게 할 것인가, 아니면 다른 인증사업자뿐만 아니라 비인증 분쟁해결기관에게도 인계를 허용할 것인가를 고민할 수 있다.

생각건대 인증사업자가 진행하던 절차는 다른 인증사업자에게 인계하도록 하는 것이 인증제도의 취지에 합당할 수 있으나, 시행 초기에는 인증사업자의 숫자가 적을 것이고 또 많다 하더라도 양 당사자의 동의가 있으면 비인증 분쟁해결기관에서도 인계 받을 수 있게 하는 것이 당사자의 의사에 부합하고 분쟁해결의 신속성과 효율성을 기할 수 있을 것이므로, 이 법에 따른 중립인을 확보하고 있으면 비인증 분쟁해결기관에서도 이어서 처리할 수 있게 하였다. 현실적으로 당사자가 다른 인증사업자에게 인계하기를 원한다면 그렇게 하면 될 것이다.

그런데 인계받은 분쟁해결기관에 등록된 중립인에게 새로 사건을 배당하면 지연의 문제가 발생할 수 있으므로 절차를 진행하던 인증사업자 소속의 중립인이 계속하여 분쟁을 적기에 해결할 수 있도록 보완 규정을 두는 것이 좋을 것이다. 그러한 경우에 대비하여 구체적인 인계·인수 등의 절차나 방법 등은 대통령령으로 규정하게 하였다.

제48조(인증사업자의 권리·의무 승계 등)

① 인증사업자가 그 사업을 양도하거나 사망한 경우 또는 법인인 인증사업자가 합병한 경우에는 그 양수인이나 상속인 또는 합병 후 존속하는 법인이나 합병에 따라 설립되는 법인은 인증사업자의 권리·의무를 승계한다.

② 제1항에 따라 인증을 받은 자의 지위를 승계한 자는 30일 이내에 법무부장관에게 신고하여야 한다.

③ 제1항에 따라 인증을 받은 자의 지위를 승계한 자는 당사자의 동의를 얻어 대체적 분쟁해결 절차를 진행하던 중립인이 계속하게 할 수 있다.

④ 제2항에 따른 신고에 필요한 사항은 대통령령으로 정한다.

인증사업자가 그 사업을 양도하거나 사망한 경우 또는 법인인 인증사업자가 합병한 경우에 그 인증사업자의 권리·의무를 승계하는 규정을 두었다. 이 경우 역시 계류된 사건을 어떻게 처리할 것인가 하는 문제가 생길 수 있다. 따라서 계류된 사건을 인증을 받은 자의 지위를 승계한 자에 등록된 중립인에게 새로 배당하면 지연의 문제가 발생할 수 있으므로 인증

을 받은 자의 지위를 승계한 자는 절차를 진행하던 인증사업자 소속의 중립인이 계속하여 분쟁을 적기에 해결할 수 있도록 하였다.

제49조(사업보고서 등의 제출)

인증사업자는 그 인증 업무에 관하여 매 사업연도 개시 후 3개월 이내에 법무부령으로 정하는 바에 따라 그 사업연도의 사업보고서, 재산목록, 대차대조표 및 손익계산서 등을 작성하여 법무부장관에게 제출하여야 한다.

인증사업자의 사업에 대한 공신력을 확보하기 위하여 사업보고서, 재산목록, 대차대조표 및 손익계산서 등을 작성하여 법무부장관에게 제출하게 하였다. 이러한 인증사업자에 대한 관리는 대체적 분쟁해결 인증 사업자의 사업 현황 및 대체적 분쟁해결제도의 정착 여부를 파악할 수 있는 것과 동시에 건전한 인증사업자의 양성에도 기여하게 될 것이다.

제50조(보고 및 검사)

① 법무부장관은 법무부령으로 정하는 바에 따라 인증사업자에 대하여 해당 업무의 실시상황에 관한 필요한 보고를 요구하거나, 소속 공무원으로 하여금 해당 사업자의 사무소에 출입하여 업무의 실시상황 또는 장부, 서류 그 밖의 물건을 검사하게 하거나 관계자에게 질문하게 할 수 있다.

② 제1항에 따라 현장검사를 하는 공무원은 그 신분을 나타내는 증표를 휴대하여 이를 관계자에게 제시하여야 한다.

법무부장관은 대체적 분쟁해결 인증사업자에 대하여 해당 업무의 실시상황을 파악하기 위하여 필요한 보고를 요구하거나, 소속 공무원으로 하

여금 해당 사업자의 사무소에 출입하여 업무의 실시상황이나 서류 등을 검사하게 하거나 관계자에게 질문하게 할 수 있다.

이는 잘못 이해하면 인증사업자에 대한 간섭으로 생각될 수도 있으나, 인증제도의 건전한 발전을 유도하기 위한 행정 지도적 성격을 띠며 인증사업자가 국가에 의한 행·재정적 지원을 받는 것에 대한 대칭적인 관리감독의 차원에서 필요하다고 할 수 있다.

이 경우 현장검사를 하는 공무원은 그 신분을 나타내는 증표를 휴대하여 관계자에게 제시하도록 하였는바, 일부 법령에서는 관계자의 요구가 있을 경우에 증표를 제시하도록 규정하고 있는 경우도 있으나 요즘과 같이 민주적 절차가 중요시 되는 상황에서는 요구가 있기 전에 출입의 목적과 사유를 설명하면서 스스로 증표를 제시하여야 할 것이다.

제51조(권고 등)

① 법무부장관은 인증사업자에 대하여 제50조의 검사 결과 그 인증업무의 적정한 운영을 확보하기 위하여 필요하다고 인정할 때에는 기한을 정하여 해당 업무에 관하여 필요한 조치를 취하도록 권고할 수 있다.

② 법무부장관은 제1항의 권고를 받은 인증사업자가 정당한 이유 없이 그 권고와 관련된 조치를 취하지 않을 경우에는 해당 인증사업자에 대하여 그 권고와 관련된 조치를 취할 것을 명할 수 있다.

법무부장관은 인증사업자에 대하여 제50조의 검사 결과 그 인증 업무의 적정한 운영을 확보하기 위하여 필요하다고 인정할 때에는 해당 업무

우리나라 ADR법, 이렇게 제정하자

에 관하여 필요한 조치를 취하도록 권고할 수 있다. 이때 인증사업자가 정당한 이유 없이 그 권고와 관련된 조치를 취하지 않을 경우에는 해당 인증사업자에 대하여 그 권고와 관련된 조치를 취할 것을 명할 수 있게 하였다.

제52조(인증사업자에 대한 지원)

법무부장관은 인증사업자에 대하여 예산의 범위 내에서 다음 각 호에 해당하는 사항에 대하여 지원할 수 있다.

1. 대체적 분쟁해결 업무의 컨설팅
2. 대체적 분쟁해결 업무 네트워크 구축
3. 대체적 분쟁해결 업무 종사자의 교육 및 복지
4. 그 밖에 대체적 분쟁해결 민간사업자 육성을 위하여 대통령령으로 정하는 사항

공공기관이나 법원에 의한 대체적 분쟁해결제도의 활성화도 중요하지만 대체적 분쟁해결제도를 정립하고 장기적 발전을 도모해 나가기 위해서는 민간사업자의 육성을 통하여 대체적 분쟁해결제도가 국민들의 접근성이 용이하고 일상생활에 널리 확산되도록 하여야 할 것이다.

그 도입 초기에는 정부의 예산을 통한 국가적 지원이 광범위하게 이루어져야 할 것이다. 인증을 받은 대체적 분쟁해결 서비스 제공자와 인증을 받지 않은 서비스 제공자와의 차이는 사업의 공신력 외에도 사실상 이러한 예산상의 지원 때문에 인증을 받으려고 할 것이다.

〈 제4편 공공기관에 의한 대체적 분쟁해결 〉

'제4편 공공기관에 의한 대체적 분쟁해결'과 관련하여 개별법에서 규정하고 있는 각종 위원회의 운영을 통일적으로 규정함으로써 개별법의 위원회 관련 규정을 이 법안의 내용에 맞게 정비하도록 할 것인가, 아니면 개별법의 위원회 관련 규정을 그대로 살려 두면서, 이 법안은 그러한 위원회들보다는 당사자 자신의 주장을 더 섬세하게 들어줄 수 있는 1–3명으로 구성되는 별도의 중립인을 통한 조정 등을 신청하기 위하여 적용할 수 있는 보충적인 규정만을 담을 것인가에 대하여 고민을 하였다.

결국 각 개별법이 규정하고 있는 분쟁의 태양과 해결 절차에 대하여 적지 않은 차이를 인정할 필요가 있고, 행정형 ADR기구를 두고 있는 개별법의 규정방식에도 상당한 진도가 나가 있음을 감안하여 후자를 선택하였다. 이러한 개별법들에 대한 정비 여부는 대체적 분쟁해결 기본법이 제정되고 이를 어느 정도 시행을 해보면서 추가적인 논의를 통해 결정하는 것도 좋을 것이라고 생각된다.

제53조(대체적 분쟁해결 절차의 개시 신청 등)

① 공공기관의 업무와 관련된 분쟁해결을 위하여 제6조에 따라 대체적 분쟁해결 절차를 신청하고자 하는 자는 해당 공공기관의 장에게 대통령령으로 정하는 바에 따라 대체적 분쟁해결 신청서를 제출하여야 한다.

② 공공기관을 분쟁의 일방 당사자로 하는 분쟁해결의 절차에 있어서는 당해 사건에 대해 결정권을 가지는 공공기관의 장이 당사자가 된다. 이 경우 그 공공기관의 장은 소속공무원 또는 직원을 절차수행자로 지정할 수 있다.

우리나라 ADR법, 이렇게 제정하자

③ 공공기관의 장이 제1항에 따른 신청서를 받은 때에는 당사자와 협의하여 지체 없이 제21조에 따른 중립인을 선정하여 분쟁해결 절차를 개시할 수 있게 하여야 한다. 이 경우 제1항에 따라 공공기관의 장에게 제출된 신청서는 제6조에 따른 중립인에게 제출된 것으로 본다.

④ 제3항에 따른 중립인이 분쟁해결 절차의 개시 신청을 받은 때에는 대통령령으로 정하는 기간 내에 그 절차를 마쳐야 한다.

공공기관의 업무와 관련된 분쟁해결을 이 법의 제6조에 따른 대체적 분쟁해결 절차에 의해 신청하고자 하는 자는 해당 공공기관의 장에게 대통령령으로 정하는 바에 따라 대체적 분쟁해결 신청서를 제출하도록 하였다. 공공기관의 경우에 공공기관의 장에게 신청서를 제출하면, 공공기관 내부에서 자연스럽게 중립인에게 신청서가 전달되기 때문이다. 이 경우 공공기관의 장에게 제출된 신청서는 후에 중립인이 선정되면 제6조에 따른 중립인에게 신청서가 제출된 것으로 보게 하였다.

제2항에서는 공공기관을 분쟁의 일방 당사자로 하는 분쟁해결의 절차에 있어서는 당해 사건에 대해 결정권을 가지는 공공기관의 장이 당사자가 되게 함으로써 신속하고도 실질적인 분쟁해결이 가능하게 하였다.

이에 대해서는 19대 국회 법제사법위원회의 전문위원 검토보고서에서 '공공기관의 업무 관련'의 의미가 불명확하여 적용범위에 대한 혼란을 초래할 우려가 없는지, 해당 공공기관이 분쟁의 당사자가 될 경우에도 타방 당사자로부터 신청서를 제출받도록 하는 것이 적정한 것인지 등을 검토할 필요가 있다는 의견이 있었다(강남일, 2014: 24).

여기서 '공공기관의 업무 관련'이란 공공기관의 업무와 관련되어 그 공공기관이 분쟁의 한 쪽 당사자가 되거나 양쪽 분쟁 당사자의 분쟁을 해결해주어야 할 경우를 말한다. 또 해당 공공기관이 분쟁의 당사자가 될 경우에도 타방 당사자로부터 분쟁해결 신청서를 제출받도록 하는 것은 행정형 ADR의 일반적인 특성에 해당하며, 그러한 공공기관으로부터 분쟁해결 업무에 관하여 독립되고 중립적인 중립인을 통해 분쟁을 해결하자는 것이다.

제4항에서는 중립인이 분쟁해결 절차의 개시 신청을 받은 때에는 대통령령으로 정하는 기간 내에 그 절차를 마쳐야 한다고 규정하고 있는바, 입법과정이나 대통령령 마련 과정에서 논의가 있겠지만 분쟁해결의 종류에 관계없이 분쟁해결 처리 기간을 대통령령으로 일률적으로 정하거나 조정, 중재 등의 종류에 따라 통일적으로 규율할 수 있을 것이다. 아니면 분쟁해결의 종류나 사건의 특성에 따라 분쟁해결 운영기관에서 자율적으로 정하도록 하는 방법도 생각해 볼 수 있을 것이다.

제54조(관계기관의 협조)

① 제53조에 따른 중립인은 분쟁해결을 위하여 필요하다고 인정하는 경우 관계 공공기관의 장에 대하여 자료 또는 의견의 제출, 검증 등 필요한 협조를 요청할 수 있다.

우리나라 ADR법, 이렇게 제정하자

② 중립인은 분쟁의 해결을 위하여 관계 공공기관의 장의 시정조치 등 행정조치가 필요하다고 인정하는 경우에는 그러한 행정조치를 취하도록 권고할 수 있다.

③ 제1항 및 제2항에 따른 협조를 요청받거나 권고를 받은 관계 공공기관의 장은 정당한 사유가 없는 한 이에 응하여야 한다.

중립인은 분쟁해결을 위하여 필요하다고 인정하는 경우에는 관계 공공기관의 장에 대하여 자료 또는 의견의 제출, 검증 등 필요한 협조를 요청할 수 있고, 관계 공공기관의 장의 시정조치 등 행정조치가 필요하다고 인정하는 경우에는 그러한 행정조치를 취하도록 권고할 수 있게 하였다.

이에 대하여는 중립인을 위촉한 공공기관의 장이 타 공공기관의 장에게 그러한 협조 요청이나 행정조치를 권고할 수 있게 하는 것이 실효성 면에서 나은 것 아니냐 하는 것과, 또한 해당 공공기관에 의해 위촉된 중립인이 과연 타 공공기관의 장에게 직접 요청할 수 있는 권한을 가질 수 있느냐 하는 논란이 있을 수 있다.

생각건대 중립인이 자신을 위촉한 공공기관의 장에게 의뢰하는 형식을 취하면 중립인과 공공기관의 장 사이에 의견이 다를 경우 문제가 발생할 수 있고, 중립인과 공공기관의 장이 조화로운 입장에 있더라도 그 의뢰 과정에서 지연의 문제가 생길 수 있다. 또한 중립인의 권한은 단순히 협조 요청이나 권고에 불과하고 '정당한 사유'가 있으면 요청받은 공공기관의 장은 거절할 수가 있다. 따라서 대체적 분쟁해결제도의 활성화를 위해서는 위와 같이 중립인에게 직접 요청 권한을 법률로 부여해주는 것이 바람직하다 할 것이다.

제55조(조사권 등)

① 중립인은 분쟁의 해결을 위하여 필요하다고 인정하는 때에는 당사자가 점유하고 있는 사건과 관련이 있는 장소에 출입하여 관계문서 또는 물건을 조사·열람 또는 복사하거나 참고인의 진술을 들을 수 있다.

② 중립인은 제1항에 따른 조사 결과를 대체적 분쟁해결의 자료로 할 때에는 당사자의 의견을 들어야 한다.

③ 제1항의 경우에 중립인은 제53조제3항에 따른 공공기관의 장이 발행하고 그 권한을 나타내는 증표를 휴대하여 이를 관계자에게 제시하여야 한다.

중립인은 분쟁의 해결을 위하여 필요하다고 인정하는 때에는 당사자가 점유하고 있는 사건과 관련이 있는 장소에 출입하여 조사하거나 참고인의 진술을 들을 수 있다. 이 경우 중립인은 그 권한을 나타내는 증표를 휴대하여 이를 관계자에게 제시하여야 하는바, 이때는 공공기관의 장이 발행하고 중립인임을 확인할 수 있는 증표를 제시하도록 하였다.

제56조(정보공개의 특칙)

공공기관에서 이루어진 대체적 분쟁해결 절차에서 당사자의 요청에 의하여 중립인이 비공개하도록 결정한 정보는 공공기관의 정보공개에 관한 법률에 의한 정보공개의 대상이 되더라도 공개하지 아니한다. 다만, 명백히 위법한 행위를 방지하거나 공공의 안전을 위하여 필요한 경우 등 대통령령으로 정하는 경우에는 그러하지 아니하다.

공공기관에서 이루어진 대체적 분쟁해결 절차에서 당사자의 요청에 의하여 중립인이 비공개하도록 결정한 경우에는 공공기관의 정보공개에 관한 법률에 의한 정보공개의 대상이 되더라도 공개하지 아니하도록 하였다.

우리나라 ADR법, 이렇게 제정하자

이는 공공기관에서 이루어지는 대체적 분쟁해결 절차의 신뢰성과 비밀을 보호하기 위한 것으로서 공공기관의 정보공개에 관한 법률 제4조(적용범위)제1항에서 "정보의 공개에 관하여는 다른 법률에 특별한 규정이 있는 경우를 제외하고는 이 법이 정하는 바에 의한다."고 한 규정과 배치되지 아니하며, 이 조항에 근거를 두고 있다.

공공기관에 의한 분쟁해결 절차에서 구두로 설명되거나 전달된 정보의 기록, 녹취, 촬영 자료는 중립인 또는 당사자가 개인적으로 관리하는 자료로 간주되고 공공기관이 관리하는 공식자료로 인정되지 아니하게 하자는 의견이 있다(김유환, 2007: 401). 생각건대 행정기관을 포함한 공공기관에서 생성된 정보의 기록, 녹취, 촬영자료 등은 그 자체가 공공기관의 자료로서 자명하다 할 수 있으므로, 이에 대하여는 "중립인이 비공개하도록 결정한 정보는 공공기관의 정보공개에 관한 법률에 의한 정보공개의 대상이 되더라도 공개하지 아니한다"는 일반론에 맡겨 놓아도 충분히 해결되지 않을까 판단된다.

〈 제5편 법원에 의한 대체적 분쟁해결 〉

제57조(대체적 분쟁해결의 촉진 의무 등)

① 법원은 신속하고 합리적인 분쟁의 해결을 촉진하기 위하여 대법원규칙으로 정하는 바에 따라 대체적 분쟁해결의 이용을 장려하기 위한 다양한 대체적 분쟁해결 프로그램을 마련하고, 법원 외의 대체적 분쟁해결 관련기관에의 효율적인 사건 회부 등 대체적 분쟁해결 연계 시스템 구축 방안을 마련하여야 한다.

② 법원은 민사 및 공공기관의 업무와 관련된 모든 사건의 소송 당사자가 소송의

'제5편 법원에 의한 대체적 분쟁해결'에서는 각급 법원이 대법원규칙으로 정하는 바에 따라 신속하고 합리적인 분쟁의 해결을 촉진하기 위하여 대체적 분쟁해결의 이용을 장려하기 위한 다양한 대체적 분쟁해결 프로그램을 마련하도록 함으로써 현재의 민사조정법에 근거한 조정 이외의 다양한 대체적 분쟁해결 프로그램의 개발 의무를 부과하였다.

한편 법원 밖의 ADR 기관의 발전을 위해서는 법원으로부터의 사건 회부가 원활히 이루어져서 민간형 ADR 기관이 지속적으로 존립할 수 있는 충분한 사건처리 건수와 풍부한 분쟁해결 경험을 가질 수 있게 하는 것이 좋다. 이 제정안에서 민간형 ADR 기관이 인증을 받는 것도 같은 맥락이다. ADR의 발전 초기나 우리나라와 같이 민간형 ADR에 대한 국민들의 인식이나 신뢰수준이 높지 않은 상태에서는 법원으로부터 민간형 ADR 기관에의 사건 회부를 위한 대체적 분쟁해결 연계 시스템 구축이 더욱 필요한 항목이라 할 수 있다.

따라서 제 57조에서는 법원 외의 대체적 분쟁해결 관련기관에의 사건 회부 등 대체적 분쟁해결 연계 시스템 구축 방안을 법원이 마련하도록 하였다. 이와 관련해서는 입법과정에서 추가적인 논의를 하거나 법원 자체의 하위 법규로 추진하는 방법도 검토될 수 있을 것이다.

또 법원은 모든 민사소송의 적절한 단계에서 대체적 분쟁해결의 이용을 고려하도록 당사자에게 요구할 수 있게 하였다. 그런데 여기에서 대체적 분쟁해결의 이용을 고려하도록 하는 법원의 요구에 대한 당사자의 동의가 필요한가에 대하여 논란이 있을 수 있다.

이에 대하여 일본의 민사조정에서는 원칙적으로 당사자의 동의를 필요로 하지 않게 하는 대신 쟁점 정리 후에는 동의가 필요한 것으로 하였고, 프랑스에서는 과거에 동의를 필요로 하지 않은 것에 대한 비판을 반영하여 항시 동의를 필요로 하게 개선한 바 있다. 미국의 ADR법은 중재에 한하여 동의를 필요로 하게 하되 그 동의가 당사자가 충분히 상황을 파악한 상태에서의 동의여야 하고, 동의를 거부하더라도 불이익이 없을 것을 전제로 하고 있다는 점에서 섬세한 미국법의 면모를 알 수가 있다(김상찬, 2004: 169).

우리나라의 민사조정법에 의한 민사조정의 경우에는 법원이 필요하다고 인정하는 경우에는 당사자의 동의가 없이도 법원의 결정에 의해 조정에 회부할 수가 있으나, 민사조정이 아닌 그 밖의 대체적 분쟁해결 절차는 당사자의 동의를 필요로 하는 것이 좋다는 견해가 적지 않으므로 입법 논의 과정에서 당사자의 동의 부분을 보완해주는 것도 검토될 수 있을 것이다.

제3항에서 법원의 요구로 대체적 분쟁해결의 절차가 시작되면 소송절차는 중지되도록 하였는바, 현행 민사조정규칙(대법원규칙)에 의하면 제4조

(소송절차와의 관계)제1항에서 "조정의 신청이 있는 사건에 관하여 소송이 계속된 때에는, 수소법원은 결정으로 조정이 종료될 때까지 소송절차를 중지할 수 있다"고 규정하고 있고, 제2항에서는 "법 제6조의 규정에 의하여 소송사건이 조정에 회부된 때에는 그 절차가 종료될 때까지 소송절차는 중지된다."고 규정하고 있다.

제58조(대체적 분쟁해결 프로그램 전담 공무원 지정)

법원은 대체적 분쟁해결의 촉진을 위하여 대법원규칙으로 정하는 바에 따라 대체적 분쟁해결 절차에 관하여 지식과 경험이 풍부한 법관이나 법관 외의 법원공무원을 대체적 분쟁해결 프로그램 전담 공무원으로 지정하여야 한다.

각급 법원은 대법원규칙으로 정하는 바에 따라 대체적 분쟁해결 절차에 관하여 지식과 경험이 풍부한 법관이나 법관 외의 법원공무원을 대체적 분쟁해결 프로그램 전담 공무원으로 지정하게 하였다. 대체적 분쟁해결 프로그램 전담 공무원을 지정함으로써 대체적 분쟁해결제도의 개발과 정착을 촉진하고, 법원 소속의 중립인 교육이나 관리를 용이하게 할 수 있을 것이다.

또 이들은 지역사회 분쟁해결을 위한 이웃분쟁조정센터 등 민간형 ADR 기관과의 가교 역할도 할 수 있을 것이다. 이의 지정에는 상응하는 부서 설치나 대체적 분쟁해결 프로그램 전담 공무원으로 지정된 사람에 대하여 인센티브가 수반되는 것이 좋을 것이다.

우리나라 ADR법, 이렇게 제정하자

제59조(다양한 대체적 분쟁해결 방식의 제공)

법원은 대체적 분쟁해결의 촉진을 위하여 제2조제1호에 따른 방식 외에 조기중립
평가, 간이심리 및 비구속적 중재 등 대법원규칙으로 정하는 바에 따라 다양한 대
체적 분쟁해결 방식을 제공할 수 있다.

현재 우리나라의 법원에 의한 대체적 분쟁해결은 대부분을 조정에 한정
해 운용하고 있는 실정이다. 이 법안은 대체적 분쟁해결제도의 활성화와
촉진을 위하여 조정, 중재 등의 일반적 방식 외에 법원으로 하여금 조기중
립평가(early neutral evaluation), 간이심리(mini-trial) 및 비구속적 중
재 등 미국의 법원에서 활용되고 있는 다양한 대체적 분쟁해결프로그램
을 제공할 수 있는 근거를 부여하였다.

조기중립평가는 사건 당사자들의 비용이 그리 많이 소비되지 않은 소송
의 초기 단계에서 중립적이고 경험이 많은 평가인을 임명하고, 그 평가인
으로 하여금 당사자의 주장 및 증거를 확인케 하고 당사자의 강점과 약점
을 평가하게 하는 방식이다(이점인, 1999: 90-93 참조). 간이심리는 거래
관계의 유지, 신속성, 대폭적인 비용절감, 엄격한 비밀유지라는 측면에서
국제거래 분쟁의 해결에 유용한 해결책이 될 수 있다는 견해도 있다(강이
수·박종삼, 2010: 356-359 참조). 비구속적 중재는 소액사건을 신속하게
처리하기 위해 이용되는 분쟁해결 절차로서 일정한 액수에 미달하는 민사
소송에 대하여 법원에서 선임한 중재인의 판정을 거치도록 하고, 이의신청
이 있으면 통상의 소송 절차로 돌아가게 한다(류재철, 2002: 238 참조).

이와 같은 다양한 대체적 분쟁해결 방식을 이 법안 제2조제1호에 따라 대통령령으로 규정하게 하여 행정기관을 포함하여 처음부터 다양하게 상정할 것인지, 제59조처럼 추가적으로 법원에서만 다양한 방식이 가능하도록 할 것인지에 대하여는 추가적인 연구나 법 제정 심의단계에서 심도 있는 논의를 하여야 할 것이다.

그런데 우리나라 법원에서 이루어지는 민사조정은 촉진형 조정과 평가형 조정을 포괄하고 있고 '조정에 갈음하는 결정'은 비구속적 중재에 해당하며, 조정위원 수를 늘리면 간이배심심리와 유사한 배심 조정을 실시할 수가 있으므로, 현행의 조정 외에 다른 분쟁해결 절차를 추가하는 것은 실효성이 없고 오히려 절차만을 복잡하게 할 수 있다는 견해가 있다(황승태·계인국, 2016: 398).

이는 현실적인 측면에서 충분히 수긍이 가는 입장이다. 하지만 미국의 경우에도 비슷한 착상을 하였을 것이고, 실제로 미국 연방법원에서의 ADR 활용 상황을 보면 연방지방법원의 ADR 유형 중에서 조정이 전체의 63.08%를 차지하여 가장 많은 이용을 보이고 있음에도 불구하고, 사건의 복잡화·대형화 등에 따른 다양한 분쟁해결 방안들을 제시하고 있는 노력을 참고할 필요는 있는 것으로 보인다(Donna Stienstra, 2011). 따라서 이에 대해서는 법안 심의 과정에서 추가적인 논의가 필요할 것이다.

우리나라 ADR법, 이렇게 제정하자

제60조(대체적 분쟁해결 전치주의)

① 민사 또는 공공기관의 업무와 관련된 사건의 당사자는 대법원규칙으로 정하는 소송물 가액 이하인 사건의 경우에는 법원에 제소하기 전에 이 법에 따른 대체적 분쟁해결 절차를 거쳐야 한다.

② 제1항에 따른 당사자는 이 법에 따른 대체적 분쟁해결 절차를 거친 결과로서의 대체적 분쟁해결 성립이나 불성립에 관한 중립인의 확인서를 대법원규칙으로 정하는 바에 따라 법원에 제출하여야 한다.

민사 또는 공공기관의 업무와 관련된 사건의 당사자는 대법원규칙으로 정하는 소송물 가액 이하인 사건의 경우에는 법원에 제소하기 전에 이 법에 따른 인증사업자나 공공기관 등 대체적 분쟁해결 운영기관에 의해 진행되는 대체적 분쟁해결 절차를 거치도록 하였다. 대체적 분쟁해결 전치주의를 도입한 것이다.

"민사사건에서 조정전치 절차를 택하는 경우 반드시 법원의 조정전치 절차를 요구할 필요는 없다고 본다. 각 전문분야에 많은 분쟁조정기구가 설치되어 있으므로 어느 조정절차를 거치든지 허용하는 것이 합당할 것이다…. 국가에서 많은 비용을 투입하여 개설한 각종 분쟁조정기구가 제대로 활용되지 못하고 모든 분쟁사건이 현재와 같이 법원으로 집중되는 것은 국가운영의 효율에 반하는 것이다." (박준서위원장, 서울법원조정센터, 법률신문, 2012.6.4.).

이 경우 당사자는 대체적 분쟁해결 절차를 거친 결과로서의 대체적 분쟁해결 성립이나 불성립에 관한 중립인의 확인서를 법원에 제출함으로써 입증하여야 한다. 확인서의 발급 방식이나 절차 등은 대법원규칙으로 정하면 될 것이다. 여기에서는 대법원규칙으로 정하는 소송물 가액 이하인 사건에 대해서만 전치주의를 적용하였지만, 법안 심의 과정에서 독일처럼 전치주의를 적용하는 사건의 유형을 규정할 것인가에 대하여도 논의하여야 할 것이다.

이에 대해서는 조정률이 높은 교통사고나 임대차와 관련된 사건을 전치주의의 대상으로 하자는 의견도 있다. 또 통상적으로 민사단독 관할사건이나 5천만 원 이하인 사건의 경우에 대체적 분쟁해결을 통한 신속한 처리가 긴요하다는 의견도 있다(정준영, 2010: 77). 이러한 대체적 분쟁해결 전치주의는 법안심의 과정에서 많은 논란을 가져올 것으로 예상된다.

그러나 이를 도입하면 우리나라에 ADR제도를 활성화하고 정착시키기 위해 강력한 수단이 될 것이며, 대체적 분쟁해결 기본법을 도입한다고 해도 그 제도를 얼마나 이용할 것인가에 대한 회의론을 치유할 수 있는 좋은 아이디어가 될 수 있을 것이다. 참고로 독일에서는 1999년 민사소송법 시행법에 의하여 소액사건, 인인분쟁(隣人紛爭), 언론매체를 제외한 명예훼손분쟁 등에 대하여 각 주의 법률에 따라 조정전치를 의무화할 수 있도록 하였고, 일본은 임대료 증감액 청구 사건과 가사심판법에 의한 가사조정에 대하여 조정전치주의를 채택하였다.

조정전치주의에 대한 논의를 살펴보면, 조정전치주의를 찬성하면서도 효율성의 측면에서 소송목적의 값만을 기준으로 그 대상을 삼는 것은 무

우리나라 ADR법, 이렇게 제정하자

리가 있으며, 조정성공률이 저조한 사건이나 피고가 다투지 않는 사건 등에 대해서는 조정 전치를 하지 않는 것이 좋다는 의견이 있다(황승태·계인국, 2016: 372-383). 그 결과 쟁점에 확립된 판례가 있는 사건, 사실관계에 다툼이 없거나 추가적인 심리가 필요치 않은 사건, 일도양단적이지 않고 타협적 해결이 바람직한 사건 등이 조정전치에 맞으며, 구체적으로는 민사소액 사건 중 손해배상 사건과 민사단독 사건 중 교통사고 관련 사건, 임대차 관련 사건 등을 조정전치 사건의 적합한 유형으로 제시하기도 한다(황승태·계인국, 2016: 380).

이는 법원에 접수된 사건의 조정·화해율 등을 고려한 현실적인 분석으로 생각되나, 법원 내의 절차에서 조정 성공률이 높은 것은 조정전치의 대상이 될 수 있고 조정성공률이 낮은 것은 조정전치의 대상으로 적합하지 않다고 하는 전제를 배경으로 하고 있다. 하지만 이는 법원 외의 조정제도에 대한 의미나 특성에 대한 고려가 충분하지 않은 것으로 생각되고, 지나치게 법원 실무적 관점에서 이루어진 판단인 것으로 보인다.

많은 경우 소액을 사이에 두고 다툼이 있을 때 가능하면 시간과 비용 및 심리적 부담으로 인하여 법원에 가기 전에 해결을 하려는 경우가 많고, 실제로 법원 절차에 이르기 전에 해결되거나 해결을 포기하는 소액분쟁의 숫자는 법원에 접수되는 사건보다 훨씬 많을 것이라는 점은 충분히 추측할 수 있다. 법원 외의 ADR은 법원에 이르기 전의 이러한 사건들을 해결하는 데 도움을 줄 수 있고, 상대적으로 간편한 대체적 분쟁해결이 정착되면 마땅한 분쟁해결제도가 없어서 할 수 없이 법원에 가야 하는 소액분쟁들의 사건 접수 자체를 줄이는 데도 큰 영향을 줄 수 있을 것이다.

한편 19대 국회 법제사법위원회의 전문위원 검토보고서에서 이 법안은 소가가 일정금액 이하인 사건의 경우 소송을 제기하기 전에 대체적 분쟁 절차를 거치도록 의무화함으로써, 헌법에 규정된 법관에 의하여 재판을 받을 권리를 침해하고 있다는 의견을 제시하였다(강남일, 2014: 25).

하지만 대체적 분쟁해결 전치주의는 대법원규칙으로 정하는 소송물 가액 이하인 사건의 경우에는 '법원에 제소하기 전에' 이 법에 따른 대체적 분쟁해결 절차를 통하여 보다 빠르고 간결한 분쟁해결을 원하는 당사자에게 대체적 기회를 제공하는 것이다. 만일 그 결과가 마음에 들지 않으면 얼마든지 재판 단계로 진행할 수 있으므로 법관에 의해 재판을 받을 수 있는 권리 자체를 침해하거나 봉쇄하는 것이 아니다.

또 동 보고서는 대체적 분쟁해결 절차를 거치더라도 민법상 화해의 효력을 얻을 뿐이므로 당사자 일방이 이를 불이행하면 결국 법원에 그 이행을 구하는 소를 제기하여야 하고, 당사자가 화해당사자의 자격 또는 화해의 목적인 분쟁 이외의 사항에 관한 착오를 이유로 한 화해 취소 주장을 하는 경우 결국 그 당부를 법원의 재판으로 확인받아야 하는 등 전치주의 본래의 실효성이 담보되기 어렵다는 의견을 제시하였다(강남일, 2014: 25).

대체적 분쟁해결은 당사자 자치를 원칙으로 하며 그 본래의 취지가 시간과 비용이 많이 드는 소송 외의 방법으로 빨리 고통스러운 분쟁관계를 끝내자는 것이다. 따라서 대체적 분쟁해결 절차를 거쳐 당사자 간에 합의가 되면 그 이행을 하는 비율이 불이행보다 훨씬 높다. 또 화해당사자의 자격 또는 착오를 이유로 한 화해 취소 주장을 하는 경우 그 당부를 법원의 재판으로 확인받아야 하는 일은 대체적 분쟁해결 전치주의 제도의 도입 결과 발생하는 것은 아니고, 전치주의와는 별개로 발생되는 다툼의 문제에 해당하므로 대체적 분쟁해결 전치주의의 문제점으로 지적하는 것은 적합하지가 않다.

한편 대체적 분쟁해결 전치주의를 도입함에 있어 함께 고려해야 할 중요한 변수가 있다. 이는 민간형 ADR 기관과의 효율적인 법원연계 ADR시스템 구축에 관한 것이다. 앞에서 제57조에 법원 외의 분쟁해결 관련기관에의 원활한 사건 회부를 위한 대체적 분쟁해결 법원연계 회부시스템을 구축하는 조문을 마련하였지만, 사건 회부를 위한 법원연계 ADR시스템을 확실히 할 수 있다면 경우에 따라서는 대체적 분쟁해결 전치주의를 구태여 도입하지 않아도 되거나, 대체적 분쟁해결 전치주의와 함께 사건 회부를 위한 법원연계시스템의 동시 구축은 그야말로 강력한 ADR 진작방안이 될 수 있을 것이다.

제61조(대체적 분쟁해결 제외 사건)

법원은 제60조에 따라 대법원규칙으로 정하는 소송물 가액 이하인 사건이라 할지라도 대체적 분쟁해결의 이용이 적절하지 않은 사건에 대하여는 대법원규칙으로 정하는 바에 따라 이 법의 적용을 배제할 수 있다.

민사 또는 공공기관의 업무와 관련된 사건이 대법원규칙으로 정하는 소송물 가액 이하인 사건이라 할지라도 그 사건의 성격이나 특성상 대체적 분쟁해결의 이용이 적절하지 않은 사건에 대하여는 대법원규칙으로 정하는 바에 따라 이 법의 적용을 배제하여 줌으로써 전치주의를 도입했을 때 발생할 수 있는 문제점까지 보완하는 안전장치를 마련할 수 있다. 그러한 특성을 가지는 사건은 국민들이 알기 쉽게 대법원규칙으로 유형화해 주어야 할 것이다.

제62조(조정의 전치에 관한 특칙)

가사소송법 제50조제1항의 사건에 관하여 소를 제기한 당사자가 해당 소의 제기 전에 해당 사건에 관하여 이 법에 따른 대체적 분쟁해결 절차의 개시를 신청하고 해당 분쟁해결 절차에 의해서는 당사자 간의 합의가 성립될 가망이 없음을 이유로 그 절차가 종료되었을 경우에는 가사소송법 제50조의 규정은 적용하지 않는다. 이 경우 수소법원이 적당하다고 인정할 때는 직권으로 사건을 조정에 회부할 수 있다.

가사소송법은 제50조에서 조정전치주의를 채택하고 있다. 따라서 ADR 제도를 활성화하고자 하는 입장에서 가사소송법은 상당히 고무적이고 진취적인 법이다. 그러나 해당 소의 제기 전에 해당 사건에 관하여 이 법에 따른 대체적 분쟁해결 절차의 개시를 신청하고 해당 분쟁해결 절차에 의해서는 당사자 간의 합의가 성립될 가망이 없음을 이유로 그 절차가 종료되었을 경우에는 가사소송에 대하여도 조정전치주의의 예외를 인정하는 규정을 두었다.

민사 또는 공공기관의 업무와 관련된 분쟁에 관하여 소송이 계속되어 있는 경우에 당사자 사이에 대체적 분쟁해결 절차가 실시되고 있는 경우나 대체적 분쟁해결 절차에 의하여 해당 분쟁의 해결을 도모하는 취지의 합의가 있는 경우에는 수소법원은 4개월 이내의 기간을 정하여 소송절차를 중지하는 취지의 결정을 할 수 있게 하였다.

이에 대해서는 영국법이 1개월을 규정한 바 있고 프랑스에서는 최대 3개월까지로 하되 각각 같은 기간 연장이 가능하도록 하였지만(김상찬, 2004: 171), 여기에서는 최대 4개월까지로 충분한 기간을 부여하되 수소법원은 사건의 종류나 특성에 따라 보다 짧은 기간을 정하여 줄 수 있게 하였다. 입법과정에서 그 기간의 정도나 연장 여부에 대하여는 추가적인 논의를 할 수 있을 것이다. 대신 수소법원은 언제라도 소송 절차를 중지하는 결정을 취소할 수 있게 하였다.

한편 19대 국회 법제사법위원회의 전문위원 검토보고서에서 이 법안은 소송 진행 중에 대체적 분쟁해결 절차가 개시되면 소송절차를 중지할 수 있도록 규정하고 있는바, 이는 헌법에 규정된 법관에 의하여 재판을 받을 권리를 침해하고 분쟁과 관련한 지연이자 등이 증가하여 당사자에게 불리한 결과를 초래할 가능성이 있다는 의견을 제시하였다(강남일, 2014: 25).

하지만 이 법안 제63조는 법관에 의해 재판을 받을 수 있는 권리를 침해하는 것이 아니라, 이미 법관에 의해 재판을 받고 있는 상황에서 법관에 의해 취할 수 있는 결정이며, 이는 동 조의 제2항에 따라 언제라도 수소법원에 의해 그 결정을 취소할 수 있게 규정되어 있다. 또 분쟁과 관련한 지연이자 등의 증가 문제는 대체적 분쟁해결 절차에 의해 분쟁이 해결되지 않거나 오히려 분쟁기간이 지체되는 상황만을 상정한 것으로서, 그대로 재판절차에 의해 지연되는 것보다는 대체적 분쟁해결 절차에 의해 신속하게 분쟁이 해결될 수 있는 상황을 간과한 의견이라 할 것이다.

제64조(규칙 제정 권한)
법원에 의한 대체적 분쟁해결의 구체적인 시행을 위하여 필요한 사항에 대하여는 대법원규칙으로 정할 수 있다.

각급 법원에서 대체적 분쟁해결의 구체적인 시행을 위하여 필요한 세부

우리나라 ADR법, 이렇게 제정하자

적인 사항에 대하여는 이 법률에 위배되지 않는 범위에서 대법원규칙으로
자율적으로 정하여 운영할 수 있게 하였다.

3. 보칙 및 벌칙 편의 조문을 알아보자

〈 제6편 보칙 〉

> **제65조(소멸시효의 중단)**
> ① 이 법에 따른 대체적 분쟁해결 절차 개시의 신청은 시효중단의 효력이 있다.
> ② 당사자의 신청에 의한 대체적 분쟁해결 사건에 관하여 다음 각 호의 어느 하나
> 에 해당하는 사유가 있는 때에는 1개월 이내에 소를 제기하지 아니하면 시효중
> 단의 효력이 없다.
> 1. 대체적 분쟁해결 절차 개시의 신청이 철회되거나 철회된 것으로 보는 때
> 2. 제16조에 따라 분쟁해결 절차의 종료가 선언된 때

대체적 분쟁해결제도의 활성화를 위하여 대체적 분쟁해결 절차를 신청
하면 시효중단의 효력이 있는 것으로 규정하였다. 이에 대해서는 대체적
분쟁해결 절차의 신청만으로 시효중단의 효력이 있게 하면 대체적 분쟁해
결 절차를 통한 해결의 진정한 의지가 없이 단순히 시효중단의 효력만을
위하여 동 절차를 남용할 우려가 있으므로, 대체적 분쟁해결 절차가 종료
된 후 일정기간 내에 소를 제기하면 신청 시로 소급하여 시효중단의 효력
이 생기게 하고 소의 제기가 없으면 시효중단의 효력이 없게 하여야 한다

는 견해가 있다(김민중, 2008: 46-47). 이는 귀 기울여 들을 수 있는 견해이므로 법 제정 시에 반영을 검토할 수 있는 사안이라 할 것이다.

한편 여기에서는 당사자의 신청에 의한 대체적 분쟁해결 사건에 관하여 대체적 분쟁해결 절차 개시의 신청이 철회되거나 철회된 것으로 볼 수 있는 때나 제16조에 따라 중립인에 의해 분쟁해결 절차의 종료가 선언된 때에는 1개월 이내에 소를 제기해야 시효중단의 효력이 유지되게 하였다.

제66조(준용규정)

문서의 송달 및 법정이율에 관하여는 「민사소송법」 중 송달에 관한 규정과 「소송촉진 등에 관한 특례법」 제3조를 각각 준용한다.

이 법안의 집행을 위한 문서의 송달에 관하여는 '민사소송법' 중 송달에 관한 규정을 준용하고, 법정이율에 관하여는 '소송촉진 등에 관한 특례법' 제3조를 준용하도록 하였다.

$$\perp$$

제3조(법정이율)

① 금전채무의 전부 또는 일부의 이행을 명하는 판결(심판을 포함한다. 이하 같다)을 선고할 경우, 금전채무 불이행으로 인한 손해배상액 산정의 기준이 되는 법정이율은 그 금전채무의 이행을 구하는 소장(訴狀) 또는 이에 준하는 서면(書面)이 채무자에게 송달된

날의 다음 날부터는 연 100분의 40 이내의 범위에서 「은행법」에 따른 은행이 적용하는 연체금리 등 경제 여건을 고려하여 대통령령으로 정하는 이율에 따른다. 다만, 「민사소송법」 제251조에 규정된 소(訴)에 해당하는 경우에는 그러하지 아니하다.

② 채무자에게 그 이행의무가 있음을 선언하는 사실심(事實審) 판결이 선고되기 전까지 채무자가 그 이행의무의 존재 여부나 범위에 관하여 항쟁(抗爭)하는 것이 타당하다고 인정되는 경우에는 그 타당한 범위에서 제1항을 적용하지 아니한다.

이에 대해서는 19대 국회 법제사법위원회의 전문위원 검토보고서에서 대체적 분쟁해결의 경우 당사자 사이에 이율에 관하여도 합의가 성립할 것이므로 법정이율에 관한 특례를 준용할 실익이 있는지, 대체적 분쟁해결절차의 신청을 소송절차에서와 같은 특례를 부여할 필요성이 있는지에 대한 검토가 필요하다는 의견을 제시하였다(강남일, 2014: 26).

하지만 대체적 분쟁해결의 절차상 당사자와 이해관계인 등에 문서를 송달할 경우 그 수발에 다툼이 있을 수 있고, 이율에 관해서도 당사자 사이에 합의가 잘 되면 문제가 없겠지만 부담해야 할 이율에 대한 다툼이 얼마든지 있을 수 있으므로, 경우에 따라 법정이율로 하는 것이 당사자 사이에 더 수용이 수월할 경우도 있을 것이므로 보충적인 규정으로서 문서의 송달 및 법정이율에 관하여 준용하는 규정은 유용하게 사용될 수 있다고 생각된다.

제67조(권한의 위임·위탁)

① 법무부장관은 이 법에 따른 권한의 일부를 대통령령으로 정하는 바에 따라 시·도지사 또는 시장·군수·구청장(자치구의 구청장을 말한다)에게 위임할 수 있다.

② 법무부장관은 이 법에 따른 업무의 일부를 대통령령으로 정하는 바에 따라 대체적 분쟁해결제도의 발전을 촉진할 목적으로 설립된 기관이나 법인 또는 단체에 위탁할 수 있다.

법무부장관은 이 법에 따른 권한이나 업무의 일부를 대통령령으로 정하는 바에 따라 지방자치단체의 장에게 위임하거나 대체적 분쟁해결 운영기관이나 중립인협회 등 대체적 분쟁해결 관련 기관에 위탁할 수 있다고 할 것이다.

제68조(벌칙 적용 시의 공무원 의제)

제42조에 따른 인증업무를 수행하는 자는 「형법」 제129조부터 제132조까지의 규정에 따른 벌칙을 적용할 때에는 공무원으로 본다.

제42조에 따라 인증을 받은 민간사업자가 형법 제129조(수뢰, 사전수뢰), 제130조(제삼자뇌물제공), 제131조(수뢰후부정처사, 사후수뢰), 제132조(알선수뢰)에 따른 죄를 범한 경우에는 공무원으로 의제하여 처벌하게 하였다.

〈 제7편 벌칙 〉

제69조(벌칙)

다음 각 호의 어느 하나에 해당하는 자는 2년 이하의 징역 또는 1천만 원 이하의 벌금에 처한다.

1. 제11조제2항에 따른 비밀을 타인에게 누설하거나 직무상 목적 외에 사용한 자
2. 거짓이나 그 밖의 부정한 방법으로 제42조제1항에 따른 인증을 받은 자
3. 제42조제4항에 따른 점검을 거부·방해 또는 기피한 자
4. 제44조제1항에 따른 업무의 정지 기간이나 인증이 취소된 후 해당 업무를 수행한 자
5. 제56조제1항에 의한 중립인의 출입·조사·열람·복사 또는 참고인의 진술 청취를 정당한 사유 없이 거부 또는 기피하거나 이를 방해한 자

벌칙을 정할 때는 책임주의와 비례성의 원칙을 염두에 두고 적합하게 이루어져야 한다. 벌칙에는 대체적 분쟁해결 제도를 정립하기 위하여 준수가 필요한 사항에 대하여 이 법이 금지하는 것을 대상으로 하였다. 위반자에 대한 형량을 입법화함에 있어서 2년 이하의 징역 또는 1천만 원 이하의 벌금으로 하여 적정성의 원칙을 고려하였다.

참고로 현행 민사조정법 제41조(벌칙)제2항은 "조정위원 또는 조정위원이었던 사람이 정당한 이유 없이 그 직무수행 중에 알게 된 타인의 비밀을 누설한 경우에는 2년 이하의 징역 또는 100만 원 이하의 벌금에 처한다"고 되어 있다. 이 조항은 1990년에 제정된 동 법의 벌칙 부분이 지금까지 개정되지 않은 채 유지되어 온 것으로서 현실성이 부족한 바, 2년 징역형의 경우에는 1천만 원 정도의 징역형 대비 벌금형 액수가 되어야 할 것

이다. 향후 민사조정법의 개정 시 고려해야 할 부분이다.

제70조(양벌규정)

법인(법인이 아닌 단체로서 대표자에 대한 규정이 있는 것을 포함한다)의 대표자나 법인 또는 개인의 대리인, 사용인, 그 밖의 종업원이 그 법인 또는 개인의 업무에 관하여 제69조의 위반행위를 하면 그 행위자를 벌하는 외에 그 법인 또는 개인에게도 해당 조문의 벌금형을 과한다. 다만, 법인 또는 개인이 그 위반행위를 방지하기 위하여 해당 업무에 관하여 상당한 주의와 감독을 게을리 하지 아니한 경우에는 그러하지 아니하다.

대체적 분쟁해결 제도의 안정적인 정착을 위해 양벌 규정을 둠으로써 법인이나 비법인 인증사업자의 책임감을 환기시키고 대체적 분쟁해결 인증의 공신력을 제고하는 효과를 가질 수 있을 것으로 본다. 이 경우에 선량한 관리자로서의 주의 의무를 다했다고 인정되는 경우에는 양벌 규정을 적용하지 않도록 하였다.

제71조 (과태료)

① 다음 각 호의 어느 하나에 해당하는 자는 500만 원 이하의 과태료에 처한다.

1. 제28조제2항 및 제50조제1항에 따른 보고를 하지 않거나 허위의 보고를 한 자
2. 제46조 및 제48조제2항에 따른 신고를 하지 않거나 허위의 신고를 한 자
3. 제47조에 따른 인계를 하지 않은 자
4. 제49조에 따른 사업보고서 등을 제출하지 아니하거나 허위로 제출한 자
5. 제50조제1항에 따른 공무원의 출입·검사 또는 관계자에 대한 질문을 정당한 사유 없이 거부 또는 기피하거나 이를 방해한 자
6. 제51조제2항에 따른 명령에 따르지 아니한 자

우리나라 ADR법, 이렇게 제정하자

② 제1항에 따른 과태료는 대통령령으로 정하는 바에 따라 법무부장관이 부과·징수한다.

과태료는 간접적으로 행정상의 질서에 장애를 줄 우려가 있는 정도의 단순한 의무태만에 대하여 과하는 것이므로 제69조의 벌칙 조항보다는 가벼운 법규 위반에 대하여 적정성의 원칙을 고려하여 500만 원 이하로 하였다.

제3절 대체적 분쟁해결 기본법의 제정을 촉구하며

우리나라 대체적 분쟁해결 기본법안의 19대 국회 제출 및 심의 경과를 알아보자

그동안 학계와 실무계에서는 세계적인 ADR법 제정과 입법적 지원의 추세에 부응하여 우리나라도 사회적 갈등비용을 줄이고 각종 분쟁의 유화적인 해결을 위해 ADR기본법이 제정되어야 한다는 주장이 끊임없이 제기되어 왔다.

하지만 그동안 제시되어 온 주장의 내용은 ADR 기본법 제정의 당위성과 다루어야 할 몇 가지 쟁점에 관한 소개가 대부분이었고, ADR 기본법 체계와 조문을 구체적으로 제시하는 연구나 자료는 없다시피 하였다.

그러다가 2005년에 출범한 사법제도개혁추진위원회 활동의 결과 2007년도에 간행된 사법개혁추진위원회 자료집에 ADR 관련 연구 법안들이 출현하였다. 행정형 ADR의 정비방안으로 제시된 김유환의 모델절차법(안), 조정절차에 관해 주요 포인트 위주로 제시된 정선주의 ADR통일절차법 연구가 있었고, 정준영의 가칭 ADR기본법안이 제시되었다.

그러던 차에 마침 2012년도에 필자가 한국개발연구원(KDI)에 파견되어 연구관으로 연구할 수 있는 기회를 갖게 되어, 이 기간에 한국의 ADR 기본법의 완성된 체제와 구체적인 조문을 발표하고자 마음을 먹게 되었다. 그 결과 『한국 ADR법령체계의 현황과 정립방안연구−대체적 분쟁해결 기본법(안) 제안을 중심으로』라는 연구보고서를 출간하게 되었고, 이 보고서에 대체적 분쟁해결 기본법안을 마련하여 제시하게 되었다.

이 대체적 분쟁해결 기본법안은 의원발의 법안으로 추진되어 국회 법제실에 체계자구에 관한 자문이 의뢰되었고, 법제적 자구 수정을 거쳐 우윤근 의원의 대표발의로 19대 국회 2013년 12월 6일에 대체적 분쟁해결 기본법안으로 제출되었다. 이로써 우리나라 역사상 처음으로 ADR 기본법안이 국회에 제출된 것이다.

이어서 대체적 분쟁해결 기본법안은 2014년 4월 15일에 법제사법위원회의 전체회의에 상정되었다. 이 회의에서 제안설명과 전문위원의 검토보고를 듣고 대체토론에 이어 동 법안은 법안심사소위원회에 회부되었다. ADR 기본법의 제정 문제가 국회에서 이슈가 되자 법무부에서는 2015년 12월에 『ADR 기본법 제정방향 및 현행 ADR기구의 합리적 운영방안』이라는 연구용역보고서를 제출받기도 하였다. 그 후 동 법안은 법제사법위원회에 계류되어 계속 심사 상태에 있었으나 19대 국회의 임기만료와 함께 폐기되었다.

하지만 그 후 20대 국회에 와서 ADR 기본법을 제정하기 위한 어떠한 움직임이 없었고 현재까지 아직 제정의 기미가 없는 상태에 놓여 있다. 따라서 필자는 19대 국회 법제사법위원회의 전문위원 검토보고서에서 제시된 의견을 분석하고, 검토보고에서 잘못 이해하고 있는 부분을 설명함과 동시에 합당하다고 생각되는 부분은 그 내용을 반영하고 보완하여, 다시 대체적 분쟁해결 기본법안을 제시하고 우리나라 ADR기본법의 조속한 제정을 촉구하는 바이다.

향후 대체적 분쟁해결 기본법 제정을 위한 입법심의 시 중점적으로 검토할 사항은 무엇일까?

이 법안이 ADR기본법으로 다시 제출되어 국회에서 심의되면 다음과 같은 사항들이 심도 있게 논의되고 검토되어야 한다.

첫째, 정부나 학계에서 우리나라 ADR 법령체계의 정립을 위한 향후의 논의는 여기에서 문제를 제기했던 갈등관리 법령체계와 대체적 분쟁해결 법령체계를 통합할 것인가 아니면 별도의 독립적인 제도로 발전시켜 나갈지를 고민해야 할 것이다.

대체적 분쟁해결 법령체계를 개인이나 기업의 이해관계에 따른 재판 외 분쟁해결에 초점을 둔다면 갈등관리와는 다른 대체적 분쟁해결 제도가 독립적으로 논의되고 서로 다른 법령체계를 발전시켜 나갈 수 있을 것이다. 대체적 분쟁해결의 영역에 사적인 이해관계뿐만 아니라 국가를 비롯한 공공기관의 업무와 관련되어 발생할 수 있는 갈등이나 분쟁의 예방과 해결까지도 포함하여 갈등 예방과 분쟁 해결의 동시적 취급에 무게중심을 둔다면 갈등관리 및 대체적 분쟁해결에 관한 통합법 체계를 발전시켜 나갈 수 있을 것이다.

대체적 분쟁해결 법령체계 내에 있어서도 민사나 상사와 같은 사법영역으로 한정할 것인가 아니면 공공기관의 업무영역까지 확장할 것인가에 대한 추가적인 논의가 있어야 할 것이다.

둘째, 이 법안은 지난 19대 국회에 제출된 법안에 없던 새로운 조항으로 이웃분쟁조정제도에 관한 근거 조항이 추가되었다. 전술하였듯이 이제는 이웃분쟁조정제도가 세계적으로 지역사회 분쟁해결의 새로운 큰 흐름이 되고 있다. 400개가 넘는 이웃분쟁조정센터가 있는 미국은 차치하고라도 우리나라도 서울, 광주 등에서 이웃분쟁 해결기관이 설립되어 운영되고 있으며, 분쟁해결비용이 무료인 동 제도가 상당히 높은 해결률을 보이고 있다. 따라서 싱가포르 등의 입법적 지원을

우리나라 ADR법, 이렇게 제정하자

참조하여 이웃분쟁조정제도에 대한 법적 근거와 그 지원 범위 및 방안 등에 대한 논의가 요청된다.

셋째, 이 제정안에서는 민간사업자인 인증사업자를 대체적 분쟁해결 교육기관이자 운영기관으로 상정하고 있다. 하지만 도입 초기에 인증사업자의 운영이 어려울 수 있고 갈등관리 관련 법령체계상의 갈등관리지원센터의 설립 여부 및 그 도입 시의 운영상의 어려움 등을 종합적으로 고려할 때, 인증사업자가 대체적 분쟁해결 운영뿐만 아니라 지역별 갈등관리의 지원센터로서의 기능도 병행할 수 있도록 하는 방안도 생각해 볼 수 있을 것이다. 아니면 별도의 공적인 기관으로서의 갈등관리 및 대체적 분쟁해결 지원센터의 설립을 추진할 것이냐 등에 대하여도 충분한 논의와 검토가 필요하다.

넷째, 공공기관에 의한 대체적 분쟁해결과 관련하여 이 제정안에서는 개별법상의 각종 위원회 관련 규정을 이 법안 속에 통일적으로 규정하여 정비하도록 하지 않고, 개별법의 위원회 관련 규정은 그대로 살려 두면서 추가적으로 이 법이 정한 중립인에 의한 대체적 분쟁해결 방식을 통하여 신속하고 탄력적인 분쟁해결을 할 수 있도록 보충적인 규정만을 담았다. 이는 개별법이 규정하고 있는 분쟁의 태양과 해결절차에 대하여 차이를 인정하고 개별법의 규정방식에도 이미 상당한 입법적 진전이 있음을 감안한 결과이다. 따라서 이 법의 제정 논의 과정이나 제정 후의 연구를 통해서 이러한 개별법들의 위원회 관련 규정을 어떻게 정비하고 재정립해 나갈 것인가에 대한 추가적인 연구가 수

반되어야 할 것이다.

다섯째, 현재 우리나라의 법원에 의한 대체적 분쟁해결은 대부분을 민사조정법에 따른 조정에 한정해 운용하고 있는 실정이다. 이 제정안에서는 대체적 분쟁해결제도의 활성화와 촉진을 위하여 조정, 중재 등의 일반적 방식 외에 법원으로 하여금 조기중립평가, 간이심리 및 비구속적 중재 등 미국의 법원에서 활용되고 있는 다양한 대체적 분쟁해결프로그램을 제공할 수 있도록 하였다.

그런데 이와 같은 다양한 대체적 분쟁해결 방식을 법원뿐만 아니라 공공기관 등에서도 할 수 있도록 아예 이 법안의 제2조제1호에 따라 대통령령으로 다양하게 상정할 것인지 다양한 방식이 법원에서만 가능하도록 할 것인지, 아니면 우리나라에서는 이러한 다양한 방식들이 아직은 시기상조이기 때문에 도입을 미룰 것인지 등에 대하여 법 제정 심의단계에서 심도 있는 논의가 있어야 할 것이다.

여섯째, 법원이 법원에 제출된 일부 소송사건을 외부 민간형 ADR 기관에 회부하여 처리케 하는 대체적 분쟁해결 법원연계 시스템을 어떻게 개발하고 그 대상 사건의 기준 등을 어떻게 구축할 것인지에 대하여도 세부적인 연구가 필요할 것이다.

일곱째, 대체적 분쟁해결 절차에 따른 당사자 간 합의의 효력에 대하여 '민법상 화해'의 효력만을 인정할 것인가, '재판상 화해'의 효력을 인정할 것인가, 아니면 대체적 분쟁해결 방식에 따라 '민법상 화해'나 '재판상 화해'의 효력을 각각 다르게 갖도록 유형화할 것인가의 문제도 검토해야 할 것이다. 민법상의 화해와 같은 효력을 부여하는 경우라 할지라도 집행력의 필요성에 대해서는 대부분이 인정하고 있으므로, 집행력 부분은 절차의 엄격성과 인적 요건 측면에서 별도로 어떤 방식으로 확보 방법을 강구해 주느냐에 따라 대체적 분쟁해결 제도의 성공적인 안착이 좌우될 수 있기 때문에 이들에 대한 논의도 중요한 문제이다.

여덟째, 제정안에서는 민사 또는 공공기관의 업무와 관련된 사건의 경우에 대법원규칙으로 정하는 소송물 가액 이하인 사건에 대하여는 법원에 제소하기 전에 대체적 분쟁해결 절차를 거치도록 하는 대체적 분쟁해결 전치주의를 도입하였는바, 이에 대하여도 그 장단점에 대해 심도 있는 논의가 필요할 것이다. 하지만 대체적 분쟁해결 전치주의는 어차피 대체적 분쟁해결 기본법을 도입하는 마당에 채택할 수 있는 ADR의 강력한 활성화 수단이 될 수 있을 것이다.

아홉째, 법률구조(法律救助)는 경제적으로 어려운 분쟁 당사자에게 ADR이 매력적인 선택이 될 수 있도록 보장해 주는 제도로서 영국이나 프랑스에서도 ADR 활성화 수단으로 사용하고 있다(山本和彦, 2001: 26-34). ADR도 경우에 따라서는 변호사 대리를 필요로 할 때가 있고, 대체적 분쟁해결 절차에 들어가는 비교적 적은 금액에 대해서도 부담을 가질 수 있는 저소득층에 대해서는 중립인의 보수 등에 대하여 일정 정도를 부담해 주는 것이 필요할 수 있다. 이에 대해서는 ADR에 대한 법률구조의 적용 여부나 그 정도 등에 대해서 추가적인 논의가 있어야 할 것이다.

열째, 대체적 분쟁해결 제도를 정착 발전시키기 위해서는 ADR 관련 전문인력을 양성하는 일도 중요하다. 그중에서도 절차를 진행하는 제3자인 중립인에 대하여 어떻게 제도화하는 것이 좋을 것인가에 대한 논의가 필요하다. 그 자격요건으로 전국적인 통일성을 가진 자격제도를 시행할 것인지 아니면 각 기관의 자율적인 규정에 맡겨 놓을 것인지를 판단해야 할 것이다.

대체적 분쟁해결 절차를 공정하고 합리적으로 진행하기 위하여 갖추어야 할 중립인의 윤리성 문제를 어떻게 확보해 나갈 것인가는 대체적 분쟁해결 제도의 신뢰성과 제도화 성공 여부의 중요한 관건이 될 것이다. 법학전문대학원에서 ADR 관련 과목이나 프로그램을 강화하는 방법은 대체적 분쟁해결 제도의 신속한 저변확대에 박차를 가하게 되는 효과를 가져 올 수 있을 것이다.

끝으로, 이 제정안에서는 나중의 법안 심사를 위해 부칙 규정은 일부러 생략하였다. 일본의 ADR촉진법에서는 부칙으로 "이 법률은 공포한 날로부터 기산하여 2년 6개월을 넘지 않는 범위 내에서 정령으로 정하는 날부터 시행한다"라는 규정과 "정부는 이 법률의 시행 후 5년을 경과하였을 때 이 법률의 시행상황에 관하여 검토하고, 필요하다고 인정할 때는 그 결과에 근거하여 필요한 조치를 강구하는 것으로 한다"는 규정을 두어 시행일에 유동성을 부여하고 일정한 기간 경과 후에 법의 시행 상황에 대하여 평가하여 필요한 조치를 취하도록 상정하고 있다. 이러한 입법방식은 대체적 분쟁해결 제도의 입법화에 따른 시행착오를 최소화하기 위한 것으로 보이나, 우리 입장에서 기본법을 제정할 때도 이러한 방식을 취할 것인가 아니면 일정한 기간이 경과되면 당연히 법률에 대한 검토 과정이 있게 될 것이므로 다른 법률과 같은 정도의 시행일 규정만 두어도 좋을 것인가에 대하여 생각해 볼 필요가 있을 것이다.

대체적 분쟁해결 제도가 도입만 된다고 해서 저절로 분쟁해결에 비용과 시간이 절약되고 소송의 문제점이 모두 해결되는 것은 아니다. 그럼에도 불구하고 우리나라에서 대체적 분쟁해결 제도의 장점을 인식하고, 이를 활성화하여 정착시키기 위한 학계의 관심과 실무계의 갈망은 매우 높은 것으로 판단된다.

그러나 그러한 관심과 노력을 현실에 정착시키기 위한 실무적·입법적 노력이나 성과는 전술한 기대에 비해 상대적으로 낮은 것이 현실이다. 미국을 비롯한 많은 나라들이 대체적 분쟁해결 제도를 발전시키기 위하여 국회를 비롯하여 입법적 지원을 꾸준히 강화해 온 사실을 우리는 유념해야 할 것이다.

여기의 대체적 분쟁해결 기본법안은 민간형 ADR을 비롯하여 행정형과 사법형 ADR까지 망라하는 것을 지향하고 있으나, ADR의 모든 영역을 포괄하고 대체적 분쟁해결의 기본법으로서의 명실상부한 지도 원리로 작용하기 위해서는 기본법의 체계와 그 세세한 조문의 내용에 있어서는 더 보완할 부분도 있고 완성도를 더 높일 필요도 있을 것이다.

특히 공공기관에 의한 대체적 분쟁해결은 개별적인 법률에 근거한 위원회 방식을 그대로 인정하면서 추가적으로 중립인에 의한 대체적 분쟁해결 절차를 둠으로써 중복적인 절차를 두게 되고, 위원회와 중립인 간의 불필요한 경쟁을 야기할 수 있다는 비판에 직면할 수 있을 것이다. 따라서 공공기관에 의한 대체적 분쟁해결 편은 이 법안에서 제외시키는 것이 좋을 것인가에 대해서도 심도 있는 검토가 있기를 기대한다. 학문적인 연구는 물론 법제 분야의 실무계와 입법자의 입장에서도 이 기본법안의 완성을 위해 더 정교한 제정안의 마련을 위한 논의를 강화해 나가기를 바라 마지않는다.

제3장

대체적
분쟁해결 기본법안
전체 조문을
살펴보자

대체적 분쟁해결 기본법(안)

제1편 총칙

제1조(목적)

이 법은 민사 및 공공기관의 업무에 관한 분쟁에 대하여 재판 외의 대체적 분쟁해결제도의 확립을 위한 기본적인 사항을 규정함으로써 신속하고도 합리적인 분쟁해결을 도모하고, 분쟁 당사자가 적합한 대체적 분쟁해결 절차를 용이하게 선택하게 하여 국민의 권리이익 실현에 이바지하는 것을 목적으로 한다.

제2조(정의)

이 법에서 사용하는 용어의 정의는 다음과 같다.

1. "대체적 분쟁해결"이란 법원의 재판이나 행정심판 등에 의하지 아니하고, 당사자의 동의 또는 합의에 기반하여 중립인의 도움으로 신속하고 합리적으로 분쟁을 해결하는 것으로서 대통령령으로 정하는

우리나라 ADR법, 이렇게 제정하자

절차를 말한다.

2. "당사자"라 함은 대체적 분쟁해결 절차에 의한 결과로 인해 중대하게 영향을 받을 자로서 대체적 분쟁해결의 신청인 또는 피신청인으로 그 절차에 참여하는 자를 말한다.

3. "이해관계인"이란 대체적 분쟁해결 절차에 의한 결과로 인해 이해관계의 영향을 받을 자로서 대체적 분쟁해결의 신청인 또는 피신청인이 아닌 분쟁해결 절차 참여자를 말한다.

4. "중립인"이란 대체적 분쟁해결에 있어 이 법에 따른 자격 교육을 이수하고 중립인 명부에 등재된 자로서 당사자들을 중립적으로 돕는 역할을 하는 조정인, 중재인 등의 제3자를 말한다.

5. "조정"이란 당사자들의 분쟁해결을 위하여 중립인이 개입하여 자발적 합의를 도출하는 것을 지원하는 대체적 분쟁해결 절차를 말한다.

6. "조정인"이란 조정을 수행하는 중립인을 말한다.

7. "이웃분쟁"이란 생활권을 같이하는 이웃 간에 발생하는 이해관계의 충돌을 말한다.

8. "공공기관"이란 중앙행정기관, 지방자치단체와 그 밖의 공공단체 중 대통령령으로 정하는 기관을 말한다.

9. "위원회"란 그 명칭 여하에 불구하고 공공기관의 업무와 관련된 분쟁해결을 위하여 다른 법령에 의해 해당 공공기관에 설치된 대체적 분쟁해결 절차를 진행하는 합의체를 말한다.

제3조(기본이념)

대체적 분쟁해결은 분쟁 당사자의 자주적인 분쟁해결 노력을 존중하면서 신속·공정하게 실시되고, 중립인의 전문적인 식견을 반영하여 분쟁의 실정에 맞는 합리적인 해결을 도모하는 것이어야 한다.

제4조(국가 등의 책무)

① 국가는 대체적 분쟁해결제도의 확립과 발전을 위하여 대체적 분쟁해결 절차에 관한 국내외의 동향, 그 이용 상황 등에 대한 조사·분석 및 정보의 제공, 대체적 분쟁해결 프로그램의 개발 및 대체적 분쟁해결 관련기관의 육성방안 등을 포함한 종합적인 시책을 세우고 그 시책의 추진에 필요한 행정적·재정적 지원방안 등을 마련하여야 한다.

② 지방자치단체는 대체적 분쟁해결 절차의 보급이 주민복지의 향상에 기여한다는 점에 비추어 국가의 시책에 협조하고 대체적 분쟁해결 절차에 관한 정보의 제공과 그 밖에 필요한 행정적·재정적 지원조치를 하여야 한다.

③ 국가 및 지방자치단체는 지역사회에서 발생하는 이웃분쟁의 해결을 위한 프로그램의 개발과 이웃분쟁 해결 관련기관의 운영에 대한 행정적·재정적 지원방안 등을 마련하여야 한다.

제5조(다른 법률과의 관계)

대체적 분쟁해결에 관하여 다른 법률에 특별한 규정이 있는 경우를 제외하고는 이 법이 정하는 바에 따른다.

| 제1장 통칙 |

제6조(대체적 분쟁해결 절차의 개시 신청)

① 민사 또는 공공기관의 업무에 관한 분쟁해결을 위하여 이 법에 따른 대체적 분쟁해결 절차의 개시를 신청하고자 하는 자는 중립인에게 대체적 분쟁해결 신청서를 제출하여야 한다.

② 제1항에 따라 신청서를 제출받은 중립인은 피신청인에게 이 법에 따른 대체적 분쟁해결 절차에 응할 것인지를 확인하여야 한다.

③ 제1항에 따른 신청서의 기재 사항은 제20조에 따른 대체적 분쟁해결 운영기관이 정하는 바에 따른다.

제7조(신청의 각하 등)

① 복수의 중립인 중 대체적 분쟁해결 절차를 주재하는 책임이 있는 중립인(이하 "책임중립인"이라 한다)은 제6조제1항에 따른 대체적 분쟁해결 절차 개시의 신청이 부적법 또는 부적절하다고 인정되는 경우에는 상당한 기간을 정하여 그 기간 내에 흠을 바로 잡을 것을 권고할 수 있다.

② 책임중립인은 대체적 분쟁해결 절차의 신청인이 제1항에 따른 권고에 불응하거나 흠을 바로잡을 수 없는 경우에는 결정으로 신청을 각하할 수 있다.

③ 책임중립인은 신청인이 법원의 재판 또는 이 법에 따른 대체적 분쟁

해결 절차를 거치고 있는 경우에는 대체적 분쟁해결 절차 개시의 신청을 결정으로 각하할 수 있다.

제8조(절차의 통합)

대체적 분쟁해결 절차를 진행하는 중립인은 동일한 사안에 대하여 다수의 분쟁해결 절차의 개시가 신청된 경우에는 대통령령으로 정하는 바에 따라 그 다수의 신청을 통합하여 분쟁해결 절차를 진행할 수 있다.

제9조(대체적 분쟁해결의 효력)

① 이 법에 따른 대체적 분쟁해결 절차의 결과 당사자 간의 합의가 성립된 경우(중재에 의한 경우를 제외한다)에는 민법상 화해의 효력이 있다.

② 제1항에도 불구하고 다른 법령에 따라 공공기관에 의한 대체적 분쟁해결 절차에서 당사자 간의 합의가 성립된 경우(중재에 의한 경우를 제외한다)에는 그 근거가 되는 다른 법령이 분쟁해결의 효력에 대해 별도로 규정하는 바에 따른다.

제10조(감정 등의 비용부담)

① 대체적 분쟁해결 절차에서의 감정·진단·시험 등에 소요되는 비용은 당사자 간에 특별한 합의가 없으면 당사자가 각자 부담하여야 한다.

② 중립인은 필요하다고 인정하는 경우 대통령령으로 정하는 바에 따라 당사자로 하여금 제1항에 따른 비용을 예납하게 할 수 있다.

③ 제1항에 따른 비용의 범위 등에 관하여 세부적인 규율이 필요한 경

우 제20조에 따른 대체적 분쟁해결 운영기관은 내부 규정을 정할 수 있다.

제11조(절차의 비공개 등)

① 이 법에 의한 대체적 분쟁해결 절차는 당사자가 승인하는 경우를 제외하고는 공개하지 아니한다.

② 당사자와 중립인, 공공기관의 공무원 또는 직원 등으로서 이 법에 따른 분쟁해결 절차에 관여하였던 자와 그 지원업무에 종사하였던 자 및 이해관계인이나 증인·참고인·감정인 등으로 분쟁해결 절차에 참여하였던 자는 다른 법률에 특별한 규정이 있는 경우를 제외하고는 그 대체적 분쟁해결 절차상 알게 된 비밀을 타인에게 누설하거나 직무상 목적 외에 사용하여서는 아니 된다.

| 제2장 대체적 분쟁해결 절차의 참가자 |

제1절 당사자 등

제12조(당사자의 의무)

당사자는 대체적 분쟁해결 절차의 원활한 진행과 신속하고도 합리적인 분쟁해결을 위해 성실하게 노력하여야 하며, 대체적 분쟁해결 절차의 결과에 따른 자신의 의무를 이행하여야 한다.

제13조(대표당사자)

① 당사자가 다수인 경우에는 그중에서 1인 또는 소수의 대표자(이하 '대표당사자'라 한다)를 선정할 수 있다.

② 대체적 분쟁해결 절차를 진행하는 중립인은 당사자가 제1항에 따른 대표당사자를 선정하지 아니한 경우에 필요하다고 인정할 때에는 당사자들에게 대표자를 선정할 것을 권고할 수 있다.

③ 대표당사자가 선정된 때에는 다른 당사자들은 그 대표당사자를 통하여서만 그 사건에 관한 행위를 할 수 있다.

④ 대표당사자는 다른 신청인 또는 피신청인을 위하여 그 사건의 분쟁해결에 관한 모든 행위를 할 수 있다. 다만, 신청의 철회 및 조정안 등 분쟁해결안의 수락은 다른 당사자들의 서면에 의한 동의를 얻어야 한다.

⑤ 대표당사자를 선정한 당사자들은 필요하다고 인정하는 경우에는 대표당사자를 해임하거나 변경할 수 있다. 이 경우 당사자들은 그 사실을 지체 없이 중립인에게 통지하여야 한다.

제14조(피신청인의 경정)

① 중립인(복수의 중립인일 경우에는 제13조에 따른 책임중립인을 말한다. 이하 이 조에서 같다)은 대체적 분쟁해결의 신청인이 피신청인을 잘못 지정하였을 경우에는 신청인의 신청이나 중립인의 권고에 의하여 피신청인의 경정을 승인할 수 있다.

② 중립인은 제1항에 따른 승인을 한 경우 이를 당사자와 새로운 피신청인에게 통보하여야 한다.

우리나라 ADR법, 이렇게 제정하자

③ 제1항에 따른 승인이 있는 때에는 종전의 피신청인에 대한 절차개시 신청은 철회되고 새로운 피신청인에 대한 신청이 제1항에 따른 경정 신청이 있은 때에 있는 것으로 본다.

제15조(대리인)

① 당사자는 다음 각 호에 해당하는 자를 대리인으로 선임할 수 있다.

　1. 당사자의 배우자, 직계존비속 또는 형제자매

　2. 당사자인 법인의 임직원

　3. 변호사

② 대리인의 권한은 서면으로 정하여야 한다.

③ 제1항제1호 또는 제2호의 자를 대리인으로 선임하는 당사자는 중립 인에게 그 사실과 대리인의 권한을 서면으로 통보하여야 한다.

④ 대리인은 다음 각 호의 행위에 대하여는 당사자로부터 특별히 위임을 받아야 한다.

　1. 신청의 철회

　2. 조정안 등 분쟁해결안의 수락

제16조(당사자의 불출석)

① 대체적 분쟁해결의 신청인 또는 피신청인이 사전에 중립인의 허가를 받지 않거나 천재지변 등 대통령령으로 정하는 정당한 사유 없이 통보된 분쟁해결 절차 기일에 출석하지 않으면 대체적 분쟁해결을 위한 합의를 철회한 것으로 본다. 이 경우 중립인은 분쟁해결 절차의 종료를 선언하여야 한다.

② 제1항에 따라 분쟁해결 절차의 종료를 선언하는 경우 중립인은 그 사유를 당사자에게 통보하여야 한다.

③ 제1항에 따른 분쟁해결 절차 기일 불출석의 효과에 대해서는 분쟁해결 절차 기일 통보 시 양 당사자에게 미리 고지하여야 한다.

제17조(절차에의 참가)

① 사건이 대체적 분쟁해결 절차에 계류되고 있는 경우에 동일한 사유로 그 분쟁해결 절차에 참가하고자 하는 자는 책임중립인의 승인을 얻어 당사자로서 해당 절차에 참가할 수 있다.

② 당사자가 아닌 자로서 당해 분쟁과 이해관계가 있는 자는 책임중립인의 승인을 얻어 이해관계인으로서 해당 절차에 참가할 수 있다.

③ 제1항 및 제2항의 경우에 책임중립인은 승인 여부를 결정하는 당시의 당사자들로부터 동의를 얻은 후 승인을 하여야 한다.

제2절 중립인

제18조(중립인의 자격 등)

① 중립인이 되고자 하는 자는 대통령령으로 정하는 자격 교육을 이수하여야 한다. 공공기관이나 법원에 의한 대체적 분쟁해결을 위하여 법령에 따른 당연직으로 중립인의 역할을 하는 경우에는 예외로 한다.

② 제1항에 따른 교육은 법원, 제42조에 따라 법무부장관이 인증하는 대체적 분쟁해결기관 기타 대통령령으로 정하는 기관에서 시행할 수 있다.

우리나라 ADR법, 이렇게 제정하자

제19조(중립인 결격사유)

다음 각 호의 어느 하나에 해당하는 사람은 중립인이 될 수 없다.

1. 파산선고를 받고 복권되지 아니한 사람

2. 금치산 또는 한정치산의 선고를 받은 사람

3. 법원의 판결 또는 법률에 따라 자격이 정지된 사람

4. 금고 이상의 실형을 선고받고 그 집행이 끝나거나(끝난 것으로 보는 경우를 포함한다) 그 집행을 받지 아니하기로 확정된 후 3년이 지나지 아니한 사람

5. 금고 이상의 형의 집행유예를 선고받고 그 유예기간 중에 있는 사람

제20조(중립인 명부)

법원, 제42조에 따라 법무부장관이 인증하는 대체적 분쟁해결기관 기타 대통령령으로 정하는 바에 따라 대체적 분쟁해결 절차를 운영하는 기관(이하 "대체적 분쟁해결 운영기관"이라 한다)은 대통령령 또는 대법원규칙으로 정하는 바에 따라 중립인에 대한 명부를 작성하여 일반인이 쉽게 알 수 있도록 홈페이지 등에 게시하고 법무부장관에게 통보하여야 한다.

제21조(중립인의 선정절차 등)

① 제20조에 따른 대체적 분쟁해결 운영기관은 대통령령 또는 대법원규칙으로 정하는 바에 따라 중립인 명부에서 중립인을 선정할 수 있는 절차를 마련하여야 한다.

② 중립인은 당사자 간에 다른 합의가 없으면 복수로 선정함을 원칙으로 하며, 복수로 할 경우에는 홀수로 한다.

③ 제2항에도 불구하고 당사자 간에 다른 합의가 없으면 조정인인 중립인의 경우에는 1명을 원칙으로 한다.

④ 위원회 외에 대체적 분쟁해결 절차를 운영하고자 하는 공공기관은 법령에 의한 당연직을 제외하고 제20조에 따른 중립인 명부에서 중립인을 임명 또는 위촉하여야 한다.

제22조(중립인의 제척, 기피, 회피)

① 임명 또는 위촉된 중립인은 다음 각 호의 1에 해당하는 경우에는 당해 사건의 대체적 분쟁해결 절차에서 제척된다.

    1. 중립인 또는 그 배우자나 배우자이었던 자가 당해 사건의 당사자가 되거나 당해 사건에 관하여 공동의 권리자 또는 의무자의 관계에 있는 경우

    2. 중립인이 당해 사건의 당사자와 친족이거나 친족이었던 경우

    3. 중립인이 당해 사건에 관하여 증언이나 감정, 법률자문을 한 경우

    4. 중립인이 당해 사건에 관하여 당사자의 대리인으로서 관여하거나 관여하였던 경우

    5. 중립인이 당해 사건의 원인이 된 처분 또는 부작위에 관여한 경우

② 제1항에도 불구하고 그 제척 사유가 모든 당사자에게 서면으로 공개되고 모든 당사자가 그 중립인의 활동에 동의하는 경우에는 예외로 한다.

③ 책임중립인은 당해 절차의 중립인 중에 제1항의 사유가 있는 때에는 직권으로 제척의 결정을 하여야 한다. 책임중립인에게 제1항 또는 제4항의 사유가 있는 때에는 다른 중립인 중 연장자가 제척의 결정을

우리나라 ADR법, 이렇게 제정하자

할 수 있다.

④ 제1항 외의 사유로 대체적 분쟁해결의 공정을 기대하기 어려운 중립인이 있을 경우에는 당사자는 책임중립인에게 서면으로 기피신청을 할 수 있다. 이 경우 책임중립인은 기피신청이 이유 있다고 인정되는 경우에는 분쟁해결 절차를 진행하는 전체 중립인의 의결을 거치지 아니하고 그 중립인을 제척한다.

⑤ 제4항의 기피신청이 분쟁해결 절차의 지연을 목적으로 하는 것이 분명한 것으로 인정되는 경우에는 책임중립인의 결정으로 기피신청을 각하한다.

⑥ 중립인이 제1항 또는 제4항의 사유에 해당하는 경우에는 책임중립인의 허가를 받아 당해 절차에서 회피할 수 있다.

제23조(중립인의 공정성)

중립인은 대체적 분쟁해결 절차에서 당사자의 합의를 지원함에 있어 독립적이며 공정하여야 한다.

제24조(중립인의 직권조사 등)

① 중립인은 필요한 경우 직권으로 사실관계를 조사할 수 있다.

② 당사자의 합의가 있는 경우 중립인은 증인·참고인·감정인 등의 진술을 들을 수 있다.

제25조(중립인의 책임 면제)

중립인은 대체적 분쟁해결 절차 및 결과와 관련하여 형사상 범죄행위를 제외하고는 어떠한 민형사상 책임을 지지 않는다.

제26조(중립인에 대한 수당 등)

① 중립인에 대한 수당 등은 법령에 의하여 법원이나 공공기관이 부담하는 경우를 제외하고 당사자 간 별도의 합의가 없으면 당사자 각자 부담으로 한다.

② 중립인 명부를 유지하는 대체적 분쟁해결 운영기관은 대통령령으로 정하는 바에 따라 대체적 분쟁해결 절차에 소요되는 행정비용과 중립인에 대한 수당 등을 당사자가 알기 쉽게 홈페이지 등에 게시하여야 한다.

제27조(협회의 설립)

① 대체적 분쟁해결제도의 건전한 발전과 중립인의 자질 향상, 교육훈련 등을 위하여 중립인은 중립인협회(이하 "협회"라 한다)를 설립할 수 있다.

② 협회는 법인으로 한다.

③ 협회는 주된 사무소의 소재지에서 설립등기를 함으로써 성립한다.

④ 협회 회원의 자격과 임원에 관한 사항 등은 정관으로 정한다.

⑤ 협회의 설립 절차, 정관의 기재 사항과 기타 협회의 업무 및 감독에 필요한 사항은 대통령령으로 정한다.

제28조(건의와 자문 등)

① 협회는 대체적 분쟁해결제도에 관한 사항에 대하여 정부에 건의할 수

우리나라 ADR법, 이렇게 제정하자

있고, 대체적 분쟁해결제도에 관한 정부의 자문에 응하여야 한다.

② 협회는 회원 또는 회원 자격을 가진 중립인이 이 법을 위반한 사실을 발견하면 그 내용을 확인하여 대통령령으로 정하는 바에 따라 법무부장관에게 보고하여야 한다.

제29조(「민법」의 준용)

협회에 관하여 이 법에 규정된 사항을 제외하고는 「민법」 중 사단법인에 관한 규정을 준용한다.

| 제3장 조정 |

제30조(조정합의)

① 민사 또는 공공기관의 업무에 관한 분쟁의 당사자는 당사자 간에 이미 발생하였거나 장래 발생할 수 있는 분쟁의 전부 또는 일부를 조정에 의하여 해결하도록 하는 합의(이하 "조정합의"라 한다)를 할 수 있다.

② 조정합의는 독립된 합의 또는 계약에 조정 조항을 포함하는 형식으로 할 수 있다.

③ 분쟁을 조정에 회부하기로 하는 당사자의 합의는 구술 또는 서면으로 할 수 있다.

제31조(제소와 조정합의)

분쟁을 조정절차에 회부하기로 합의한 경우에도 조정절차의 어느 단계에서든 법원에 소를 제기할 수 있다.

제32조(조정신청서)

① 조정절차의 개시를 원하는 당사자는 조정신청서를 작성하여 조정인에게 제출하여야 한다.

② 조정신청서에는 당사자, 분쟁의 대상, 조정합의의 내용을 적어야 한다.

제33조(다수 당사자의 조정절차)

① 공동의 이해관계를 가진 다수 당사자가 있는 경우에 조정신청서는 대통령령으로 정하는 바에 따라 각 당사자에게 개별적으로 송부되어야 한다. 다만, 제13조에 따른 대표당사자가 있는 경우에는 그러하지 아니한다.

② 조정신청서가 송부된 당사자 전원이 조정절차에 동의하지 않는 경우 조정절차는 동의한 당사자 사이에서만 진행된다.

제34조(조정인의 선정)

당사자 간에 합의하면 조정인은 국적에 관계없이 선정될 수 있다.

제35조(조정절차의 개시)

① 조정절차는 신청인의 조정신청에 대해 상대방이 동의한 경우에 시작된다.

② 동의의 의사표시는 서면, 팩스, 이메일 등을 통하여 할 수 있다.

③ 상대방이 조정절차에 응한 경우에는 동의의 의사표시가 있는 것으로

본다.

④ 상대방이 신청인이 제시한 기한 내에 답변하지 않거나, 기한을 제시하지 않은 경우에는 조정신청 후 10일 이내에 답변하지 않으면 조정에 동의하지 아니하는 것으로 본다.

제36조(조정절차의 진행)

① 당사자는 조정절차에서 동등한 대우를 받아야 하며, 자신의 사안에 대해 충분히 진술할 기회를 부여받아야 한다.

② 당사자는 구술 방식으로 할 것인지 또는 서면으로만 조정을 할 것인지 등 조정절차의 진행 방식에 관하여 합의할 수 있다.

③ 당사자의 합의가 없는 경우 조정인은 공정하고 합리적인 방식에 따라 조정절차를 진행한다.

제37조(조정의 성립)

① 조정인은 조정의 어느 단계에서든 조정안을 제시할 수 있다.

② 조정인은 당사자가 조정안에 대해 의견을 제시할 수 있는 기회를 부여하여야 한다.

③ 조정인은 조정안에 대해 당사자에게 합의를 강요해서는 안 된다.

④ 조정안을 당사자에게 제시한 이후 1주 내에 당사자가 반대의견을 제시하지 않으면 조정이 성립된 것으로 본다.

⑤ 조정서는 서면으로 작성하며, 조정인과 당사자(제13조제4항에 따라 대표 당사자가 다른 당사자들의 서면에 의한 동의를 받았을 경우에는 대표당사자)가 모두 서명하여야 한다. 다만, 3명 이상의 조정인으

로 구성된 경우에는 과반수에 미달하는 일부 조정인에게 서명할 수 없는 사유가 있을 때에는 다른 조정인이 그 사유를 적어야 한다.

⑥ 조정서에는 이유를 기재할 필요가 없다.

제38조(조정서의 경정)

조정서에 오기 기타 이와 유사한 경미한 오류가 있는 경우 조정인은 직권으로 또는 당사자의 신청에 의해 이를 경정할 수 있다.

제39조(조정절차의 종료)

① 조정절차는 다음 각 호의 사유에 의해 종료한다.

  1. 조정이 성립되거나 불성립이 확정된 경우

  2. 신청인이 신청을 철회한 경우

  3. 당사자가 조정절차의 종료에 합의한 경우

  4. 조정인이 조정절차의 진행이 불필요하거나 불가능하다고 인정한 경우

  5. 조정사건에 대해 법원에 소가 제기된 경우

② 조정인은 제1항에 따른 조정절차 종료에 관해 조서를 작성하여야 한다.

제40조(조정서의 집행)

① 당사자는 법원에 조정서의 집행을 신청할 수 있다.

② 법원은 조정서의 집행에 대한 결정을 내릴 수 있다.

제41조(조정절차의 신뢰성)

조정절차에서 행해진 당사자나 이해관계인의 진술 및 제출 자료는 재판 등 이후의 어떠한 절차에서도 원용될 수 없다. 다만, 법률로 공개가 의무화되어 있거나 당사자 사이에 다른 합의가 있는 경우에는 그러하지 아니하다.

제3편 민간사업자에 의한 대체적 분쟁해결

제42조(대체적 분쟁해결 민간사업자에 대한 인증 등)

① 법무부장관은 대체적 분쟁해결을 업무로 하는 민간사업자에 대하여 대체적 분쟁해결 민간사업자의 인증(이하 "인증"이라 한다)을 할 수 있다.

② 인증을 받으려는 민간사업자는 법무부장관에게 신청하여야 한다.

③ 법무부장관은 제1항에 따라 인증을 받은 민간사업자(이하 "인증사업자"라 한다)에 대하여는 인증서를 발급할 수 있다.

④ 법무부장관은 인증사업자가 제5항에 따른 인증기준에 적합하게 유지하는지를 점검할 수 있다.

⑤ 인증사업자 지정을 위한 인증기준·신청절차·점검 등에 필요한 사항은 대통령령으로 정한다.

제43조(인증의 결격사유)

법무부장관은 인증을 받으려는 자가 다음 각 호의 어느 하나에 해당하는 경우에는 인증을 하여서는 아니 된다.

1. 미성년자·피성년후견인 또는 피한정후견인
2. 파산선고를 받고 복권되지 아니한 자
3. 금고 이상의 실형을 선고받고 그 집행이 끝나거나(끝난 것으로 보는 경우를 포함한다) 그 집행을 받지 아니하기로 확정된 후 2년이 지나지 아니한 자
4. 금고 이상의 형의 집행유예를 받고 그 집행유예 기간 중에 있는 자
5. 법인의 대표자를 포함한 임원 중 제3호부터 제4호까지에 해당하는 사람이 있는 경우
6. 제44조에 따라 인증이 취소된 날부터 3년이 지나지 아니한 경우

제44조(인증의 취소 등)

① 법무부장관은 인증사업자가 다음 각 호의 어느 하나에 해당하는 경우에는 1년 이내의 기간을 정하여 업무를 정지하거나 인증을 취소할 수 있다. 다만, 제1호에 해당하거나 인증사업자에게 제4호의 사유가 발생한 후 60일이 지났을 때는 인증을 취소하여야 한다.

1. 거짓이나 그 밖의 부정한 방법으로 인증을 받은 경우
2. 제42조제4항에 따른 점검을 정당한 사유 없이 거부한 경우
3. 업무정지명령을 위반하여 그 정지 기간 중 인증업무를 행한 경우
4. 제42조제5항의 인증기준에 적합하지 아니하게 된 경우
5. 다른 사람에게 자기의 성명 또는 상호를 사용하여 제42조에 따른 영업을 하게 하거나 인증서를 대여한 경우
6. 인증사업자 지정 후 1년 이상 실적이 없는 경우

② 인증사업자는 제1항에 따라 인증이 취소된 경우에는 제42조제3항에 따른 인증서를 반납하여야 한다.

③ 법무부장관은 제1항에 따라 인증을 취소하려면 청문을 하여야 한다.

④ 제1항에 따른 업무의 정지 및 인증의 취소에 관한 절차는 대통령령으로 정한다.

제45조(인증사업자에 관한 정보의 공표)

법무부장관은 대체적 분쟁해결을 촉진하고 인증 분쟁해결 업무에 관한 정보를 널리 국민에게 제공하기 위하여 법무부령으로 정하는 바에 따라 인증사업자의 성명 또는 명칭, 주소 및 해당 업무를 취급하는 사무소의 소재지 그리고 해당 업무의 내용 및 그 실시 방법에 관하여 공표할 수 있다.

제46조(변경의 신고)

① 인증사업자는 다음 각 호의 어느 하나에 해당하는 사항의 변경이 있을 때는 법무부령으로 정하는 바에 따라 지체 없이 법무부장관에게 신고하여야 한다.

　　1. 성명이나 명칭 또는 주소

　　2. 법인의 경우는 정관, 그 밖의 기본약관

　　3. 기타 법무부령으로 정하는 사항

제47조(업무의 인계·인수 등)

① 인증사업자가 업무의 정지나 인증의 취소로 대체적 분쟁해결 업무를 지속하기 어려울 경우에는 당사자의 동의를 얻어 다른 대체적 분쟁

해결 운영기관에 그 업무를 인계하여야 한다.

② 제1항에 따라 업무의 인계를 받은 대체적 분쟁해결 운영기관은 당사자의 동의를 얻어 대체적 분쟁해결 절차를 진행하던 중립인이 계속하게 할 수 있다.

③ 제1항에 따른 업무의 인계·인수 등에 필요한 사항은 대통령령으로 정한다.

제48조(인증사업자의 권리·의무 승계 등)

① 인증사업자가 그 사업을 양도하거나 사망한 경우 또는 법인인 인증사업자가 합병한 경우에는 그 양수인이나 상속인 또는 합병 후 존속하는 법인이나 합병에 따라 설립되는 법인은 인증사업자의 권리·의무를 승계한다.

② 제1항에 따라 인증을 받은 자의 지위를 승계한 자는 30일 이내에 법무부장관에게 신고하여야 하다.

③ 제1항에 따라 인증을 받은 자의 지위를 승계한 자는 당사자의 동의를 얻어 대체적 분쟁해결 절차를 진행하던 중립인이 계속하게 할 수 있다.

④ 제2항에 따른 신고에 필요한 사항은 대통령령으로 정한다.

제49조(사업보고서 등의 제출)

인증사업자는 그 인증업무에 관하여 매 사업연도 개시 후 3개월 이내에 법무부령으로 정하는 바에 따라 그 사업연도의 사업보고서, 재산목록, 대차대조표 및 손익계산서 등을 작성하여 법무부장관에게 제출하여야 한다.

제50조(보고 및 검사)

① 법무부장관은 법무부령으로 정하는 바에 따라 인증사업자에 대하여 해당 업무의 실시상황에 관한 필요한 보고를 요구하거나, 소속 공무원으로 하여금 해당 사업자의 사무소에 출입하여 업무의 실시상황 또는 장부, 서류 그 밖의 물건을 검사하게 하거나 관계자에게 질문하게 할 수 있다.

② 제1항에 따라 현장검사를 하는 공무원은 그 신분을 나타내는 증표를 휴대하여 이를 관계자에게 제시하여야 한다.

제51조(권고 등)

① 법무부장관은 인증사업자에 대하여 제50조의 검사 결과 그 인증 업무의 적정한 운영을 확보하기 위하여 필요하다고 인정할 때에는 기한을 정하여 해당 업무에 관하여 필요한 조치를 취하도록 권고할 수 있다.

② 법무부장관은 제1항의 권고를 받은 인증사업자가 정당한 이유 없이 그 권고와 관련된 조치를 취하지 않을 경우에는 해당 인증사업자에 대하여 그 권고와 관련된 조치를 취할 것을 명할 수 있다.

제52조(인증사업자에 대한 지원)

법무부장관은 인증사업자에 대하여 예산의 범위 내에서 다음 각 호에 해당하는 사항에 대하여 지원할 수 있다.

1. 대체적 분쟁해결 업무의 컨설팅
2. 대체적 분쟁해결 업무 네트워크 구축

3. 대체적 분쟁해결 업무 종사자의 교육 및 복지

4. 그 밖에 대체적 분쟁해결 민간사업자 육성을 위하여 대통령령으로 정하는 사항

제4편 공공기관에 의한 대체적 분쟁해결

제53조(대체적 분쟁해결 절차의 개시 신청 등)

① 공공기관의 업무와 관련된 분쟁해결을 위하여 제6조에 따라 대체적 분쟁해결 절차를 신청하고자 하는 자는 해당 공공기관의 장에게 대통령령으로 정하는 바에 따라 대체적 분쟁해결 신청서를 제출하여야 한다.

② 공공기관을 분쟁의 일방 당사자로 하는 분쟁해결의 절차에 있어서는 당해 사건에 대해 결정권을 가지는 공공기관의 장이 당사자가 된다. 이 경우 그 공공기관의 장은 소속공무원 또는 직원을 절차수행자로 지정할 수 있다.

③ 공공기관의 장이 제1항에 따른 신청서를 받은 때에는 당사자와 협의하여 지체 없이 제21조에 따른 중립인을 선정하여 분쟁해결 절차를 개시할 수 있게 하여야 한다. 이 경우 제1항에 따라 공공기관의 장에게 제출된 신청서는 제6조에 따른 중립인에게 제출된 것으로 본다.

④ 제3항에 따른 중립인이 분쟁해결 절차의 개시 신청을 받은 때에는 대통령령으로 정하는 기간 내에 그 절차를 마쳐야 한다.

제54조(관계기관의 협조)

① 제53조에 따른 중립인은 분쟁해결을 위하여 필요하다고 인정하는 경우 관계 공공기관의 장에 대하여 자료 또는 의견의 제출, 검증 등 필요한 협조를 요청할 수 있다.

② 중립인은 분쟁의 해결을 위하여 관계 공공기관의 장의 시정조치 등 행정조치가 필요하다고 인정하는 경우에는 그러한 행정조치를 취하도록 권고할 수 있다.

③ 제1항 및 제2항에 따른 협조를 요청받거나 권고를 받은 관계 공공기관의 장은 정당한 사유가 없는 한 이에 응하여야 한다.

제55조(조사권 등)

① 중립인은 분쟁의 해결을 위하여 필요하다고 인정하는 때에는 당사자가 점유하고 있는 사건과 관련이 있는 장소에 출입하여 관계문서 또는 물건을 조사·열람 또는 복사하거나 참고인의 진술을 들을 수 있다.

② 중립인은 제1항에 따른 조사 결과를 대체적 분쟁해결의 자료로 할 때에는 당사자의 의견을 들어야 한다.

③ 제1항의 경우에 중립인은 제53조제3항에 따른 공공기관의 장이 발행하고 그 권한을 나타내는 증표를 휴대하여 이를 관계자에게 제시하여야 한다.

제56조(정보공개의 특칙)

공공기관에서 이루어진 대체적 분쟁해결 절차에서 당사자의 요청에 의하여 중립인이 비공개하도록 결정한 정보는 공공기관의 정보공개에 관한 법률에 의한 정보공개의 대상이 되더라도 공개하지 아니한다. 다만, 명백히 위법한 행위를 방지하거나 공공의 안전을 위하여 필요한 경우 등 대통령령으로 정하는 경우에는 그러하지 아니하다.

제5편 법원에 의한 대체적 분쟁해결

제57조(대체적 분쟁해결의 촉진 의무 등)

① 법원은 신속하고 합리적인 분쟁의 해결을 촉진하기 위하여 대법원규칙으로 정하는 바에 따라 대체적 분쟁해결의 이용을 장려하기 위한 다양한 대체적 분쟁해결 프로그램을 마련하고, 법원 외의 대체적 분쟁해결 관련기관에의 효율적인 사건 회부 등 대체적 분쟁해결 연계 시스템 구축 방안을 마련하여야 한다.

② 법원은 민사 및 공공기관의 업무와 관련된 모든 사건의 소송 당사자가 소송의 적절한 단계에서 대체적 분쟁해결의 이용을 고려하도록 요구할 수 있다.

③ 법원의 요구로 대체적 분쟁해결의 절차가 시작되면 소송절차는 중지된다.

제58조(대체적 분쟁해결 프로그램 전담 공무원 지정)

법원은 대체적 분쟁해결의 촉진을 위하여 대법원규칙으로 정하는 바에 따라 대체적 분쟁해결 절차에 관하여 지식과 경험이 풍부한 법관이나 법관 외의 법원공무원을 대체적 분쟁해결 프로그램 전담 공무원으로 지정하여야 한다.

제59조(다양한 대체적 분쟁해결 방식의 제공)

법원은 대체적 분쟁해결의 촉진을 위하여 제2조제1호에 따른 방식 외에 조기중립평가(early neutral evaluation), 간이심리(mini-trial) 및 비구속적 중재 등 대법원규칙으로 정하는 바에 따라 다양한 대체적 분쟁해결 방식을 제공할 수 있다.

제60조(대체적 분쟁해결 전치주의)

① 민사 또는 공공기관의 업무와 관련된 사건의 당사자는 대법원규칙으로 정하는 소송물 가액 이하인 사건의 경우에는 법원에 제소하기 전에 이 법에 따른 대체적 분쟁해결 절차를 거쳐야 한다.

② 제1항에 따른 당사자는 이 법에 따른 대체적 분쟁해결 절차를 거친 결과로서의 대체적 분쟁해결 성립이나 불성립에 관한 중립인의 확인서를 대법원규칙으로 정하는 바에 따라 법원에 제출하여야 한다.

제61조(대체적 분쟁해결 제외 사건)

법원은 제60조에 따라 대법원규칙으로 정하는 소송물 가액 이하인 사건이라 할지라도 대체적 분쟁해결의 이용이 적절하지 않은 사건에 대하여는 대법원규칙으로 정하는 바에 따라 이 법의 적용을 배제할 수 있다.

제62조(조정의 전치에 관한 특칙)

가사소송법 제50조제1항의 사건에 관하여 소를 제기한 당사자가 해당 소의 제기 전에 해당 사건에 관하여 이 법에 따른 대체적 분쟁해결 절차의 개시를 신청하고 해당 분쟁해결 절차에 의해서는 당사자 간의 합의가 성립될 가망이 없음을 이유로 그 절차가 종료되었을 경우에는 가사소송법 제50조의 규정은 적용하지 않는다. 이 경우 수소법원(受訴法院)이 적당하다고 인정할 때는 직권으로 사건을 조정에 회부할 수 있다.

제63조(소송절차의 중지)

① 민사 또는 공공기관의 업무와 관련된 분쟁에 관하여 소송이 계속되어 있는 경우 다음 각 호의 어느 하나에 해당하는 사유가 있고 해당 당사자의 공동의 신청이 있는 경우에는 수소법원은 4개월 이내의 기간을 정하여 소송절차를 중지하는 취지의 결정을 할 수 있다.

1. 해당 분쟁에 관하여 분쟁 당사자 사이에 대체적 분쟁해결 절차가 실시되고 있는 경우
2. 제1호가 규정하는 경우 이외에 분쟁 당사자 사이에 대체적 분쟁해결 절차에 의하여 해당 분쟁의 해결을 도모하는 취지의 합의가 있는 경우

② 수소법원은 언제라도 전항의 결정을 취소할 수 있다.

③ 제1항의 신청을 기각하는 결정 및 제2항에 따라 제1항의 결정을 취소하는 결정에 대하여는 불복할 수 없다.

제64조(규칙 제정 권한)

법원에 의한 대체적 분쟁해결의 구체적인 시행을 위하여 필요한 사항에 대하여는 대법원규칙으로 정할 수 있다.

제6편 보칙

제65조(소멸시효의 중단)

① 이 법에 따른 대체적 분쟁해결 절차 개시의 신청은 시효중단의 효력이 있다.

② 당사자의 신청에 의한 대체적 분쟁해결 사건에 관하여 다음 각 호의 어느 하나에 해당하는 사유가 있는 때에는 1개월 이내에 소를 제기하지 아니하면 시효중단의 효력이 없다.

1. 대체적 분쟁해결 절차 개시의 신청이 철회되거나 철회된 것으로 보는 때

2. 제16조에 따라 분쟁해결 절차의 종료가 선언된 때

제66조 (준용규정)

문서의 송달 및 법정이율에 관하여는 「민사소송법」 중 송달에 관한 규정과 「소송촉진 등에 관한 특례법」 제3조를 각각 준용한다.

제67조(권한의 위임·위탁)

① 법무부장관은 이 법에 따른 권한의 일부를 대통령령으로 정하는 바에 따라 시·도지사 또는 시장·군수·구청장(자치구의 구청장을 말한다)에게 위임할 수 있다.

② 법무부장관은 이 법에 따른 업무의 일부를 대통령령으로 정하는 바에 따라 대체적 분쟁해결제도의 발전을 촉진할 목적으로 설립된 기관이나 법인 또는 단체에 위탁할 수 있다.

제68조(벌칙 적용 시의 공무원 의제)

제42조에 따른 인증 업무를 수행하는 자는 「형법」 제129조부터 제132조까지의 규정에 따른 벌칙을 적용할 때에는 공무원으로 본다.

제7편 벌칙

제69조(벌칙)

다음 각 호의 어느 하나에 해당하는 자는 2년 이하의 징역 또는 1천만원 이하의 벌금에 처한다.

1. 제11조제2항에 따른 비밀을 타인에게 누설하거나 직무상 목적 외에 사용한 자
2. 거짓이나 그 밖의 부정한 방법으로 제42조제1항에 따른 인증을 받은 자
3. 제42조제4항에 따른 점검을 거부·방해 또는 기피한 자

4. 제44조제1항에 따른 업무의 정지 기간이나 인증이 취소된 후 해당 업무를 수행한 자

5. 제56조제1항에 의한 중립인의 출입·조사·열람·복사 또는 참고인의 진술 청취를 정당한 사유 없이 거부 또는 기피하거나 이를 방해한 자

제70조(양벌규정)

법인(법인이 아닌 단체로서 대표자에 대한 규정이 있는 것을 포함한다)의 대표자나 법인 또는 개인의 대리인, 사용인, 그 밖의 종업원이 그 법인 또는 개인의 업무에 관하여 제69조의 위반행위를 하면 그 행위자를 벌하는 외에 그 법인 또는 개인에게도 해당 조문의 벌금형을 과한다. 다만, 법인 또는 개인이 그 위반행위를 방지하기 위하여 해당 업무에 관하여 상당한 주의와 감독을 게을리하지 아니한 경우에는 그러하지 아니하다.

제71조 (과태료)

① 다음 각 호의 어느 하나에 해당하는 자는 500만 원 이하의 과태료에 처한다.

1. 제28조제2항 및 제50조제1항에 따른 보고를 하지 않거나 허위의 보고를 한 자

2. 제46조 및 제48조제2항에 따른 신고를 하지 않거나 허위의 신고를 한 자

3. 제47조에 따른 인계를 하지 않은 자

4. 제49조에 따른 사업보고서 등을 제출하지 아니하거나 허위로 제출한 자

5. 제50조제1항에 따른 공무원의 출입·검사 또는 관계자에 대한 질문을 정당한 사유 없이 거부 또는 기피하거나 이를 방해 한 자

6. 제51조제2항에 따른 명령에 따르지 아니한 자

② 제1항에 따른 과태료는 대통령령으로 정하는 바에 따라 법무부장관이 부과·징수한다.

우리나라 ADR법, 이렇게 제정하자

부록

국회에 제출된
대체적 분쟁해결 기본법 관련 법안

대체적 분쟁해결 기본법안
(우윤근 의원 대표발의; 2013년 12월 6일)

제1편 총칙

제1조(목적)

이 법은 민사 또는 공공기관의 업무에 관한 분쟁을 대체적 분쟁해결제 도에 의하여 적정·공평·신속하게 해결함을 목적으로 한다.

제2조(정의)

이 법에서 사용하는 용어의 뜻은 다음과 같다.

1. "대체적 분쟁해결"이란 법원의 재판이나 행정심판 등에 의하지 아니

하고 민사 또는 공공기관의 업무에 관한 분쟁을 해결하기 위해 제3
자가 관여하여 분쟁의 공정한 해결을 도모하는 절차를 말한다.

2. "당사자"란 민사 또는 공공기관의 업무에 관한 분쟁에 있어 대체적
분쟁해결 절차의 개시를 신청한 자(이하 "신청인"이라 한다) 또는 그
상대방(이하 "피신청인"이라 한다)을 말한다.

3. "이해관계인"이란 대체적 분쟁해결 절차의 결과에 따라 이해관계가
달라지는 자로서 대체적 분쟁해결 절차의 신청인 또는 피신청인이 아
닌 절차의 참여자를 말한다.

4. "중립인"이란 이 법에 따른 자격 교육을 이수하고 중립인 명부에 등재
된 자로서 대체적 분쟁해결 절차에 관여하여 분쟁의 공정한 해결을
도모하는 제3자를 말한다.

5. "책임중립인"이란 복수의 중립인 중 대체적 분쟁해결 절차를 주재하
는 책임 있는 중립인을 말한다.

6. "조정"이란 당사자들의 분쟁해결을 위하여 중립인이 개입하여 자발적
합의를 도출하는 것을 지원하는 대체적 분쟁해결 절차를 말한다.

7. "조정인"이란 조정을 수행하는 중립인을 말한다.

8. "공공기관"이란 국가기관 및 지방자치단체, 그 밖에 대통령령으로 정
하는 공공단체를 말한다.

9. "위원회"란 그 명칭 여하에 불구하고 공공기관의 업무와 관련된 분쟁
해결을 위하여 다른 법령에 따라 해당 공공기관에 설치된 대체적 분
쟁해결 절차를 진행하는 합의체를 말한다.

제3조(기본이념)

대체적 분쟁해결은 분쟁 당사자의 자주적인 분쟁해결 노력을 존중하고, 중립인의 전문적인 식견을 반영하여 분쟁의 실정에 맞는 신속하고 공정하며 합리적인 해결을 도모하는 것을 기본이념으로 한다.

제4조(국가 등의 책무)

① 국가는 대체적 분쟁해결제도의 확립과 발전을 위하여 대체적 분쟁해결 절차에 관한 국내외의 동향, 그 이용 상황 등에 대한 조사·분석 및 정보의 제공, 대체적 분쟁해결 프로그램의 개발 및 대체적 분쟁해결 관련기관의 육성방안 등을 포함한 종합적인 시책을 세우고 그 시책의 추진에 필요한 행정적·재정적 지원방안 등을 마련하여야 한다.

② 지방자치단체는 국가의 시책에 협조하고 대체적 분쟁해결 절차에 관한 정보의 제공 및 그 밖에 필요한 행정적·재정적 지원조치를 하여야 한다.

제5조(다른 법률과의 관계)

대체적 분쟁해결에 관하여 다른 법률에 특별한 규정이 있는 경우를 제외하고는 이 법이 정하는 바에 따른다.

우리나라 ADR법, 이렇게 제정하자

| 제1장 통칙 |

제6조(대체적 분쟁해결 절차의 개시 신청)

① 민사 또는 공공기관의 업무에 관한 분쟁해결을 위하여 이 법에서 정하는 분쟁해결 절차의 개시를 신청하고자 하는 자는 중립인에게 대체적 분쟁해결 신청서를 제출하여야 한다.

② 제1항에 따른 신청서의 기재사항은 대통령령으로 정한다.

제7조(신청의 각하 등)

① 이 법에 따른 대체적 분쟁해결 절차 개시의 신청이 부적법한 경우 중립인(중립인이 복수일 경우에는 책임중립인을 말한다. 이하 이 조에서 같다)은 상당한 기간을 정하여 그 기간 내에 흠을 바로 잡을 것을 권고할 수 있다.

② 대체적 분쟁해결 절차의 신청인이 제1항에 따른 권고에 불응하거나 흠을 바로잡을 수 없는 경우 중립인은 결정으로 신청을 각하할 수 있다.

③ 대체적 분쟁해결 절차의 신청인이 법원의 재판 또는 이 법에 따른 대체적 분쟁해결 절차를 이미 거쳤거나 거치고 있는 경우 중립인은 대체적 분쟁해결 절차 개시의 신청을 결정으로 각하할 수 있다.

제8조(절차의 통합)

대체적 분쟁해결 절차를 진행하는 중립인은 동일한 사안에 대하여 다수의 분쟁해결 절차의 개시가 신청된 경우에는 그 다수의 신청을 통합하여 분쟁해결 절차를 진행할 수 있다.

제9조(감정 등의 비용부담)

① 대체적 분쟁해결 절차에서의 감정·진단·시험 등에 소요되는 비용은 당사자 간에 특별한 합의가 없으면 당사자가 각자 부담하여야 한다.

② 중립인은 필요하다고 인정하는 경우 대통령령으로 정하는 바에 따라 당사자로 하여금 제1항에 따른 비용을 예납하게 할 수 있다.

③ 제20조에 따른 대체적 분쟁해결 운영기관은 내부 규정으로 제1항에 따른 비용의 범위 등에 관하여 세부적으로 정할 수 있다.

제10조(절차의 비공개 등)

① 이 법에 의한 대체적 분쟁해결 절차는 당사자가 동의하는 경우를 제외하고는 공개하지 아니한다.

② 당사자와 중립인, 공공기관의 공무원 또는 직원 등으로서 이 법에 따른 분쟁해결 절차에 관여하였던 자와 그 지원업무에 종사하였던 자 및 이해관계인이나 증인·참고인·감정인 등으로 분쟁해결 절차에 참여하였던 자는 다른 법률에 특별한 규정이 있는 경우를 제외하고는 그 대체적 분쟁해결 절차상 알게 된 비밀을 타인에게 누설하거나 직무상 목적 외에 사용하여서는 아니 된다.

제11조(대체적 분쟁해결의 효력)

① 이 법에 따른 대체적 분쟁해결 절차에 따라 당사자 간의 합의가 성립
된 경우에는 민법상 화해의 효력이 있다.

② 제1항에도 불구하고 다른 법령에 따른 공공기관에 의한 대체적 분쟁
해결 절차에서 당사자 간의 합의가 성립된 경우에는 그 근거가 되는
다른 법령이 분쟁해결의 효력에 대해 별도로 규정하는 바에 따른다.

| 제2장 대체적 분쟁해결 절차의 참가자 |

제1절 당사자 등

제12조(당사자의 의무)

당사자는 대체적 분쟁해결 절차의 원활한 진행과 신속하고 합리적인 분
쟁해결을 위하여 성실하게 노력하여야 하며, 대체적 분쟁해결 절차의 결
과에 따른 자신의 의무를 이행하여야 한다.

제13조(대표당사자)

① 공동의 이해관계가 있는 다수의 당사자는 그 중 한 사람 또는 여러
사람을 대표당사자로 선정할 수 있다.

② 대체적 분쟁해결 절차를 진행하는 중립인은 당사자가 제1항에 따른
대표당사자를 선정하지 아니한 경우 필요하다고 인정할 때에는 당사
자에게 대표당사자를 선정할 것을 권고할 수 있다.

③ 대표당사자가 선정된 때에는 다른 당사자는 그 대표당사자를 통하여

서만 그 사건에 관한 행위를 할 수 있다.

④ 대표당사자는 자신을 선정한 다른 당사자를 위하여 그 사건의 분쟁 해결에 관한 모든 행위를 할 수 있다. 다만, 대체적 분쟁해결 절차의 개시 신청의 철회 및 조정안 등 분쟁해결안의 수락은 다른 당사자의 서면에 의한 동의를 얻어야 한다.

⑤ 대표당사자를 선정한 당사자는 필요하다고 인정하는 경우에는 대표 당사자를 해임하거나 변경할 수 있다. 이 경우 당사자는 그 사실을 지체 없이 중립인에게 통지하여야 한다.

제14조(피신청인의 경정)

① 중립인(중립인이 복수일 경우에는 책임중립인을 말한다. 이하 이 조에서 같다)은 대체적 분쟁해결의 신청인이 피신청인을 잘못 지정하였을 경우에는 신청인의 신청에 따라 피신청인의 경정을 승인할 수 있다.

② 중립인은 제1항에 따른 승인을 한 경우 이를 당사자와 새로운 피신청인에게 통보하여야 한다.

③ 제1항에 따른 승인이 있는 때에는 종전의 피신청인에 대한 절차개시 신청은 철회되고 새로운 피신청인에 대한 신청이 제1항에 따른 경정 신청이 있은 때에 있는 것으로 본다.

제15조(대리인)

① 당사자는 다음 각 호의 어느 하나에 해당하는 사람을 대리인으로 선임할 수 있다.

우리나라 ADR법, 이렇게 제정하자

1. 당사자의 배우자, 직계존비속 또는 형제자매

2. 당사자인 법인의 임직원

3. 변호사

② 대리인의 권한은 서면으로 정하여야 한다.

③ 제1항제1호 또는 제2호의 사람을 대리인으로 선임하는 당사자는 중립인에게 그 사실과 대리인의 권한을 서면으로 통보하여야 한다.

④ 대리인은 다음 각 호의 행위에 대하여는 당사자로부터 특별히 위임을 받아야 한다.

1. 대체적 분쟁해결 절차의 개시 신청의 철회

2. 조정안 등 분쟁해결안의 수락

제16조(당사자의 불출석)

① 대체적 분쟁해결의 신청인이 사전에 중립인의 허가를 받지 않거나 천재지변 등 대통령령으로 정하는 정당한 사유 없이 통보된 분쟁해결 절차 기일에 출석하지 않으면 신청을 철회한 것으로 본다. 이 경우 중립인은 분쟁해결 절차의 종료를 선언하고 그 사유를 당사자에게 통보하여야 한다.

② 대체적 분쟁해결의 피신청인이 사전에 중립인의 허가를 받지 않거나 천재지변 등 대통령령으로 정하는 정당한 사유 없이 통보된 분쟁해결 절차 기일에 출석하지 않으면 중립인은 분쟁해결 절차의 종료를 선언하고 그 사유를 당사자에게 통보하여야 한다.

③ 제1항 및 제2항에 따른 분쟁해결 절차 기일 불출석의 효과에 대해서는 분쟁해결 절차 기일 통보 시 양 당사자에게 미리 고지하여야

한다.

제17조(절차의 참가)

① 사건이 대체적 분쟁해결 절차에 계류되고 있는 경우에 동일한 사유로 그 분쟁해결 절차에 참가하고자 하는 사람은 중립인의 승인을 얻어 당사자로서 해당 절차에 참가할 수 있다.

② 당사자가 아닌 사람으로서 분쟁과 이해관계가 있는 사람은 중립인의 승인을 얻어 이해관계인으로서 해당 절차에 참가할 수 있다.

제2절 중립인

제18조(중립인 결격사유)

다음 각 호의 어느 하나에 해당하는 사람은 중립인이 될 수 없다.

1. 미성년자 또는 피성년후견인

2. 파산선고를 받고 복권되지 아니한 사람

3. 금고 이상의 실형을 선고받고 그 집행이 끝나거나 그 집행을 받지 아니하기로 확정된 후 5년이 지나지 아니한 사람

4. 금고 이상의 형의 집행유예를 선고받고 그 유예기간이 지난 후 3년이 지나지 아니한 사람

5. 금고 이상의 형의 집행유예를 선고받고 그 유예기간 중에 있는 사람

6. 탄핵이나 징계처분에 의하여 파면된 후 5년이 지나지 아니하거나 징계처분에 의하여 해임된 후 3년이 지나지 아니한 사람

우리나라 ADR법, 이렇게 제정하자

제19조(중립인의 자격 등)

① 중립인이 되고자 하는 자는 대통령령으로 정하는 자격 교육을 이수하여야 한다. 대체적 분쟁해결을 위하여 법원 또는 공공기관에서 법령에 따른 당연직으로서 중립인의 역할을 하는 경우에는 그러하지 아니하다.

② 제1항에 따른 교육은 법원 또는 제42조에 따라 법무부장관이 인증하는 대체적 분쟁해결기관, 그 밖에 대통령령으로 정하는 기관에서 시행한다.

제20조(중립인 명부)

법원 및 제42조에 따라 법무부장관이 인증하는 대체적 분쟁해결기관, 그 밖에 대통령령으로 정하는 바에 따라 대체적 분쟁해결 절차를 운영하는 기관(이하 "대체적 분쟁해결 운영기관"이라 한다)은 대통령령으로 정하는 바에 따라 중립인에 대한 명부를 작성하여 홈페이지에 게시하고 이를 법무부장관에게 통보하여야 한다.

제21조(중립인의 선정절차 등)

① 대체적 분쟁해결 운영기관은 대통령령으로 정하는 바에 따라 중립인 명부에서 중립인을 선정할 수 있는 절차를 마련하여야 한다.

② 중립인은 3인 이상의 홀수로 선정하여야 한다. 다만, 당사자 간의 합의로 1인으로 할 수 있다.

③ 중립인이 복수일 경우 책임중립인을 선정하여야 한다.

④ 위원회가 설치되지 않은 공공기관이 대체적 분쟁해결 절차를 운영하

고자 하는 경우에는 법령에 의한 당연직을 제외하고 제20조에 따른 중립인 명부에서 중립인을 임명 또는 위촉하여야 한다.

제22조(중립인의 제척·기피·회피)

① 임명 또는 위촉된 중립인은 다음 각 호의 어느 하나에 해당하면 해당 사건의 대체적 분쟁해결 절차에서 제척된다. 다만, 당사자가 동의하는 경우에는 그러하지 아니하다.

1. 중립인 또는 그 배우자나 배우자이었던 사람이 사건의 당사자가 되거나, 사건의 당사자와 공동권리자·공동의무자 또는 상환의무자의 관계에 있는 때

2. 중립인이 당사자와 친족의 관계에 있거나 그러한 관계에 있었을 때

3. 중립인이 사건에 관하여 증언이나 감정, 자문을 하였을 때

4. 중립인이 당사자의 대리인이었거나 대리인이 된 때

5. 중립인이 사건의 원인이 된 처분 또는 부작위에 관여하였을 때

② 당사자는 중립인에게 공정한 대체적 분쟁해결을 기대하기 어려운 사정이 있는 때에는 서면으로 기피신청을 할 수 있다.

③ 기피신청이 대체적 분쟁해결 절차의 지연을 목적으로 하는 것이 분명한 경우에는 책임중립인은 결정으로 이를 각하한다.

④ 책임중립인은 제척 또는 기피신청에 대하여 직권으로 결정을 하여야 한다. 다만, 책임중립인에게 제척 또는 기피사유가 있는 때에는 다른 중립인 중 연장자가 이에 대한 결정을 하여야 한다.

⑤ 중립인은 제1항 또는 제2항의 사유가 있는 경우에는 스스로 해당 사건의 대체적 분쟁해결 절차에서 회피할 수 있다.

우리나라 ADR법, 이렇게 제정하자

제23조(중립인의 공정성)

중립인은 대체적 분쟁해결 절차에서 당사자 간의 분쟁해결을 지원함에 있어 독립적이고 공정하여야 한다.

제24조(중립인의 직권조사 등)

① 중립인은 필요한 경우 직권으로 사실관계를 조사할 수 있다.

② 당사자의 합의가 있는 경우 중립인은 증인·참고인·감정인 등의 진술을 들을 수 있다.

제25조(중립인의 책임)

중립인은 대체적 분쟁해결 절차 및 결과와 관련하여 형사상 범죄행위를 제외하고는 어떠한 민형사상 책임을 지지 않는다.

제26조(행정비용 및 중립인에 대한 수당)

① 대체적 분쟁해결 절차에 소요되는 행정비용 및 중립인에 대한 수당은 법령에 의하여 법원이나 공공기관이 부담하는 경우를 제외하고 당사자가 각자 부담한다.

② 대체적 분쟁해결 운영기관은 대통령령으로 정하는 바에 따라 제1항에 따른 비용 및 수당을 미리 홈페이지에 게시하여야 한다.

제27조(협회의 설립)

① 중립인은 대체적 분쟁해결제도의 건전한 발전과 중립인의 자질 향상, 교육훈련 등을 위하여 중립인협회(이하 "협회"라 한다)를 설립할 수

있다.

② 협회는 법인으로 한다.

③ 협회는 주된 사무소의 소재지에서 설립등기를 함으로써 성립한다.

④ 협회 회원의 자격과 임원에 관한 사항 등은 정관으로 정한다.

⑤ 협회의 설립 절차, 정관의 기재 사항과 그 밖에 협회의 업무 및 감독에 필요한 사항은 대통령령으로 정한다.

제28조(건의와 자문 등)

① 협회는 대체적 분쟁해결제도에 관한 사항에 대하여 정부에 건의할 수 있고, 대체적 분쟁해결제도에 관한 정부의 자문에 응하여야 한다.

② 협회는 회원 또는 회원 자격을 가진 중립인이 이 법을 위반한 사실을 발견하면 그 내용을 확인하여 법무부장관에게 보고하여야 한다.

제29조(「민법」의 준용)

협회에 관하여 이 법에 규정된 사항을 제외하고는 「민법」 중 사단법인에 관한 규정을 준용한다.

| 제3장 조정 |

제30조(조정이용합의)

① 민사 또는 공공기관의 업무에 관한 분쟁의 당사자는 당사자 간에 이미 발생하였거나 장래 발생할 수 있는 분쟁의 전부 또는 일부를 조정

에 의하여 해결하도록 하는 합의(이하 "조정이용합의"라 한다)를 할 수 있다.

② 조정이용합의는 구술 또는 서면으로 할 수 있다.

③ 당사자는 조정이용합의를 한 경우에도 언제든지 법원에 소를 제기할 수 있다.

제31조(조정신청서)

① 조정절차의 개시를 원하는 당사자는 조정신청서를 작성하여 조정인에게 제출하여야 한다.

② 조정신청서에는 당사자, 분쟁의 대상, 조정이용합의의 내용을 기재하여야 한다.

제32조(다수 당사자의 조정절차)

① 조정인은 당사자가 다수인 경우 조정신청서를 각 당사자에게 개별적으로 송부하여야 한다. 다만, 대표당사자가 있는 경우에는 대표당사자에게만 송부할 수 있다.

② 조정신청서를 송부받은 당사자 전원이 조정절차에 동의하지 않는 경우 조정절차는 동의한 당사자 사이에서만 진행된다.

제33조(조정인의 선정)

당사자 간에 합의가 있으면 조정인은 국적에 관계없이 선정될 수 있다.

제34조(조정절차의 개시)

① 조정절차는 신청인의 조정신청에 대하여 상대방이 동의한 경우에 시작된다.

② 동의의 의사표시는 서면, 팩스, 전자우편을 통하여 할 수 있다.

③ 상대방이 조정절차에 참석한 경우에는 동의의 의사표시가 있는 것으로 본다.

④ 상대방이 신청인이 제시한 기한 내에 동의 여부에 관하여 답변하지 않거나, 기한을 제시하지 않은 경우 조정신청 후 10일 내에 답변하지 않으면 조정절차의 개시에 동의하지 아니하는 것으로 본다.

제35조(조정절차의 진행)

① 당사자는 조정절차에서 동등한 대우를 받아야 하며, 사건에 대하여 충분히 진술할 기회를 부여받아야 한다.

② 당사자는 조정절차의 진행 방식에 관하여 합의할 수 있다.

③ 당사자의 합의가 없는 경우 조정인은 공정하고 합리적인 방식에 따라 조정절차를 진행한다.

제36조(조정의 불성립)

조정인은 당사자 사이에 합의가 성립하지 아니하는 경우에는 조정이 성립되지 아니한 것으로 사건을 종결시켜야 한다.

제37조(조정의 성립)

① 조정인은 조정의 어느 단계에서든 조정안을 제시할 수 있다.

우리나라 ADR법, 이렇게 제정하자

② 조정인은 조정안에 대하여 당사자에게 합의를 강요해서는 안 된다.

③ 조정인이 조정안을 당사자에게 제시한 이후 1주 내에 당사자가 반대 의견을 제시하지 않으면 조정은 성립된 것으로 본다.

④ 조정서는 서면으로 작성하고, 조정인과 당사자(제13조제4항에 따라 대표당사자가 조정안 수락에 대하여 다른 당사자들의 서면에 의한 동의를 받았을 경우에는 대표당사자)가 모두 서명하여야 한다. 다만, 조정인이 조정서에 서명함에 지장이 있는 때에는 다른 조정인이 조정서에 그 사유를 적고 서명하여야 한다.

⑤ 조정서에는 이유를 기재할 필요가 없다.

제38조(조정서의 경정)

조정서에 잘못된 계산이나 기재, 그 밖에 이와 비슷한 잘못이 있음이 분명한 때에 조정인은 직권으로 또는 당사자의 신청에 따라 이를 경정할 수 있다.

제39조(조정절차의 종료)

① 조정절차는 다음 각 호의 어느 하나에 해당하는 경우 종료한다.

1. 조정이 성립하거나 불성립한 경우

2. 신청인이 조정신청을 철회한 경우

3. 당사자가 조정절차의 종료에 합의한 경우

4. 조정인이 조정절차의 진행이 불필요하거나 불가능하다고 인정한 경우

5. 조정사건에 대해 법원에 소가 제기된 경우

② 제1항의 경우 조정인은 조정절차 종료에 관하여 조서를 작성하여야 한다.

제40조(조정서의 집행)

① 당사자는 법원에 조정서의 집행을 신청할 수 있다.

② 법원은 제1항의 신청에 따라 조정서의 집행에 대한 결정을 내릴 수 있다.

제41조(조정절차의 신뢰성)

조정절차에서의 당사자나 이해관계인의 진술 및 제출된 자료는 재판 등 이후의 어떠한 절차에서도 원용할 수 없다. 다만, 법률로 공개가 의무화되어 있거나 당사자 사이에 합의가 있는 경우에는 그러하지 아니하다.

제3편 민간사업자에 의한 대체적 분쟁해결

제42조(대체적 분쟁해결 민간사업자에 대한 인증 등)

① 법무부장관은 대체적 분쟁해결을 업무로 하는 민간사업자에 대하여 대체적 분쟁해결 민간사업자의 인증(이하 "인증"이라 한다)을 할 수 있다.

② 인증을 받으려는 민간사업자는 대통령령으로 정하는 바에 따라 법무부장관에게 신청하여야 한다.

우리나라 ADR법, 이렇게 제정하자

③ 법무부장관은 제1항에 따라 인증을 받은 민간사업자(이하 "인증사업자"라 한다)에게 인증서를 발급할 수 있다.

④ 법무부장관은 인증사업자가 제5항에 따른 인증기준을 적합하게 유지하는지에 대하여 점검할 수 있다.

⑤ 인증의 기준, 절차 및 점검 등에 필요한 사항은 대통령령으로 정한다.

제43조(인증의 결격사유)

법무부장관은 인증을 받으려는 자가 다음 각 호의 어느 하나에 해당하는 경우에는 인증을 하여서는 아니 된다.

1. 미성년자 또는 피성년후견인
2. 파산선고를 받고 복권되지 아니한 사람
3. 금고 이상의 실형을 선고받고 그 집행이 끝나거나 그 집행을 받지 아니하기로 확정된 후 3년이 지나지 아니한 사람
4. 금고 이상의 형의 집행유예를 선고받고 그 유예기간이 지난 후 2년이 지나지 아니한 사람
5. 금고 이상의 형의 집행유예를 선고받고 그 유예기간 중에 있는 사람
6. 법인의 대표자를 포함한 임원 중 제3호부터 제5호까지에 해당하는 사람이 있는 경우
7. 제44조에 따라 인증이 취소된 날부터 3년이 지나지 아니한 경우

제44조(인증의 취소 등)

① 법무부장관은 인증사업자가 다음 각 호의 어느 하나에 해당하는 경우에는 인증을 취소하거나 1년 이내의 기간을 정하여 업무의 정지를

명할 수 있다. 다만, 제1호에 해당하거나 제4호의 사유가 발생한 후 60일이 지났을 때는 인증을 취소하여야 한다.

1. 거짓이나 그 밖의 부정한 방법으로 인증을 받은 경우
2. 업무정지명령을 위반하여 업무를 수행한 경우
3. 제42조제4항에 따른 점검을 정당한 사유 없이 거부한 경우
4. 제42조제5항의 인증기준에 적합하지 아니하게 된 경우
5. 다른 사람에게 자기의 성명 또는 상호를 사용하여 제42조에 따른 영업을 하게 하거나 인증서를 대여한 경우
6. 인증사업자로 지정된 후 1년 이상 실적이 없는 경우

② 인증사업자는 제1항에 따라 인증이 취소된 경우에는 제42조제3항에 따른 인증서를 반납하여야 한다.

③ 법무부장관은 제1항에 따라 인증을 취소하거나 업무정지명령을 하려 면 청문을 하여야 한다.

④ 제1항에 따른 인증취소 및 업무정지명령의 절차 및 기준 등에 필요한 사항은 대통령령으로 정한다.

제45조(인증사업자에 관한 정보의 공표)

법무부장관은 인증사업자에 의한 대체적 분쟁해결을 촉진하기 위하여 법무부령으로 정하는 바에 따라 인증사업자의 성명 또는 명칭, 해당 업무를 취급하는 사무소의 소재지, 해당 업무의 내용 및 그 실시 방법 등에 관하여 공표할 수 있다.

우리나라 ADR법, 이렇게 제정하자

제46조(변경의 신고)

인증사업자는 다음 각 호의 어느 하나에 해당하는 사항의 변경이 있을 때는 법무부령으로 정하는 바에 따라 지체 없이 법무부장관에게 신고하여야 한다.

1. 성명이나 명칭 또는 주소
2. 법인의 경우는 정관, 그 밖의 기본약관
3. 그 밖에 법무부령으로 정하는 사항

제47조(업무의 인계)

① 인증사업자가 인증의 취소 또는 업무의 정지로 인하여 대체적 분쟁해결 업무를 지속하기 어려울 경우에는 당사자의 동의를 얻어 다른 인증사업자에게 그 업무를 인계하여야 한다.

② 제1항에 따라 업무의 인계를 받은 인증사업자는 당사자의 동의를 얻어 기존에 대체적 분쟁해결 절차를 진행하던 중립인으로 하여금 절차를 계속하여 진행하도록 할 수 있다.

③ 제1항에 따른 업무의 인계 절차, 방법 등에 필요한 사항은 대통령령으로 정한다.

제48조(인증사업자 권리·의무의 승계)

① 인증사업자가 그 사업을 양도하거나 사망한 경우 또는 법인인 인증사업자가 합병한 경우에는 그 양수인이나 상속인 또는 합병 후 존속하는 법인이나 합병에 따라 설립되는 법인은 인증사업자의 권리·의무를 승계한다.

② 제1항에 따라 인증을 받은 자의 지위를 승계한 자는 30일 이내에 법무부장관에게 신고하여야 하다.

③ 제1항에 따라 인증을 받은 자의 지위를 승계한 자는 당사자의 동의를 얻어 기존에 대체적 분쟁해결 절차를 진행하던 중립인으로 하여금 절차를 계속하여 진행하도록 할 수 있다.

④ 제2항에 따른 신고에 필요한 사항은 대통령령으로 정한다.

제49조(사업보고서 등의 제출)

인증사업자는 그 업무에 관하여 매 사업연도 개시 후 3개월 이내에 법무부령으로 정하는 바에 따라 그 사업연도의 사업보고서, 재산목록, 대차대조표 및 손익계산서 등을 작성하여 법무부장관에게 제출하여야 한다.

제50조(보고 및 검사)

① 법무부장관은 법무부령으로 정하는 바에 따라 인증사업자에 대하여 해당 업무의 실시상황에 관하여 필요한 보고를 하도록 하거나, 소속 공무원으로 하여금 해당 사업자의 사무소에 출입하여 업무의 실시상황 또는 장부, 서류 그 밖의 물건을 검사하게 하거나 관계자에게 질문하게 할 수 있다.

② 제1항에 따라 현장검사를 하는 공무원은 그 신분을 나타내는 증표를 휴대하여 이를 관계자에게 제시하여야 한다.

제51조(권고 등)

① 법무부장관은 인증사업자에 대하여 제50조의 보고 또는 검사 결과

그 업무의 적정한 운영을 확보하기 위하여 필요하다고 인정할 때에는 기한을 정하여 해당 업무에 관하여 필요한 조치를 취하도록 권고할 수 있다.

② 법무부장관은 제1항의 권고를 받은 인증사업자가 정당한 이유 없이 그 권고에 응하지 않을 경우에는 해당 인증사업자에 대하여 그 권고와 관련된 조치를 취할 것을 명할 수 있다.

제52조(인증사업자에 대한 지원)

① 법무부장관은 인증사업자에 대하여 예산의 범위 내에서 다음 각 호에 해당하는 지원을 할 수 있다.

1. 대체적 분쟁해결 업무의 컨설팅
2. 대체적 분쟁해결 업무 네트워크 구축
3. 대체적 분쟁해결 업무 종사자의 교육 및 복지
4. 그 밖에 대체적 분쟁해결 민간사업자 육성을 위하여 필요한 사항

② 제1항에 따른 지원의 절차와 범위 등에 필요한 사항은 대통령령으로 정한다.

제4편 공공기관에 의한 대체적 분쟁해결

제53조(대체적 분쟁해결 절차의 개시 신청 등)

① 공공기관의 업무와 관련된 분쟁해결을 위하여 이 법이 정하는 대체

적 분쟁해결 절차를 신청하고자 하는 자는 해당 법령으로 정하는 각 위원회의 장(이하 "위원장"이라 한다)에게 대체적 분쟁해결 신청서를 제출하여야 한다. 다만, 위원회가 설치되어 있지 아니한 경우에는 해당 공공기관의 장에게 제출한다.

② 공공기관이 분쟁의 일방 당사자가 되는 경우 해당 공공기관의 장은 소속공무원 또는 직원을 절차수행자로 지정할 수 있다.

③ 위원장 또는 공공기관의 장이 제1항에 따른 신청서를 받은 때에는 당사자와 협의하여 지체 없이 제21조에 따라 중립인을 선정하여야 한다.

제54조(관계기관의 협조)

① 제53조에 따라 선정된 중립인은 분쟁해결을 위하여 필요하다고 인정하는 경우 관계 공공기관의 장에 대하여 자료 또는 의견의 제출, 검증 등 필요한 협조를 요청할 수 있다.

② 중립인은 분쟁의 해결을 위하여 관계 공공기관의 장의 시정조치 등 행정조치가 필요하다고 인정하는 경우에는 그러한 행정조치를 취하도록 권고할 수 있다.

③ 제1항 및 제2항에 따른 협조를 요청받거나 권고를 받은 관계 공공기관의 장은 정당한 사유가 없는 한 이에 응하여야 한다.

제55조(조사권 등)

① 중립인은 분쟁의 해결을 위하여 필요하다고 인정하는 때에는 당사자가 점유하고 있는 사건과 관련이 있는 장소에 출입하여 관계문서 또는 물

건을 조사·열람 또는 복사하거나 참고인의 진술을 들을 수 있다.

② 제1항의 경우에 중립인은 그 권한을 나타내는 증표를 휴대하여 이를 관계자에게 제시하여야 한다.

③ 중립인은 제1항에 따른 조사 결과를 대체적 분쟁해결의 자료로 할 때에는 당사자의 의견을 들어야 한다.

제56조(정보공개의 특칙)

공공기관에 의한 대체적 분쟁해결 절차에서 당사자의 요청에 의하여 중립인이 비공개하도록 결정한 정보는 공개하지 아니한다. 다만, 위법한 행위를 방지하거나 공공의 안전을 위하여 필요한 경우 등 대통령령으로 정하는 경우에는 그러하지 아니하다.

제5편 법원에 의한 대체적 분쟁해결

제57조(대체적 분쟁해결의 촉진 등)

① 법원은 대법원규칙으로 정하는 바에 따라 신속하고 합리적인 분쟁의 해결을 촉진하기 위하여 다양한 대체적 분쟁해결 프로그램을 마련하여야 한다.

② 법원은 민사 또는 공공기관의 업무에 관한 분쟁의 당사자에게 소송의 적절한 단계에서 대체적 분쟁해결 절차를 이용하도록 권고할 수 있다.

③ 법원의 권고로 대체적 분쟁해결 절차가 시작되면 소송절차는 중지된다.

제58조(대체적 분쟁해결 프로그램 전담 공무원 지정)

법원은 대체적 분쟁해결의 촉진을 위하여 대법원규칙으로 정하는 바에 따라 대체적 분쟁해결 절차에 관하여 지식과 경험이 풍부한 법관이나 법관 외의 법원공무원을 대체적 분쟁해결 프로그램 전담 공무원으로 지정하여야 한다.

제59조(대체적 분쟁해결 전치주의)

① 민사 또는 공공기관의 업무에 관한 분쟁의 당사자는 소송목적의 값이 대법원규칙으로 정하는 금액 이하인 사건의 경우에는 법원에 소를 제기하기 전에 이 법에 따른 대체적 분쟁해결 절차를 거쳐야 한다.

② 제1항에 따른 당사자는 이 법에 따른 대체적 분쟁해결 절차를 거친 후 대체적 분쟁해결의 성립이나 불성립에 관한 중립인의 확인서를 대법원규칙으로 정하는 바에 따라 법원에 제출하여야 한다.

제60조(대체적 분쟁해결 제외 사건)

법원은 제59조에 따라 소송목적의 값이 대법원 규칙으로 정하는 금액 이하인 사건이라 할지라도 대체적 분쟁해결의 이용이 적절하지 않은 사건에 대하여는 대법원규칙으로 정하는 바에 따라 이 법의 적용을 배제할 수 있다.

우리나라 ADR법, 이렇게 제정하자

제61조(조정전치주의에 관한 특칙)

「가사소송법」에 따른 나류 및 다류 가사소송사건과 마류 가사비송사건에 대하여 소를 제기한 당사자가 소제기 전에 이 법에 따른 대체적 분쟁해결 절차의 개시를 신청한 후 당사자 간의 합의가 성립될 가망이 없음을 이유로 그 분쟁해결 절차가 종료되었을 경우에는 「가사소송법」 제50조의 규정은 적용하지 않는다. 이 경우 수소법원이 적당하다고 인정할 때는 직권으로 사건을 조정에 회부할 수 있다.

제62조(소송절차의 중지)

① 민사 또는 공공기관의 업무에 관한 분쟁에 관하여 소송이 계속되어 있는 경우 다음 각 호의 어느 하나에 해당하는 사유가 있고 해당 당사자의 공동의 신청이 있는 경우에는 수소법원은 4개월 이내의 기간을 정하여 소송절차의 중지를 명할 수 있다.

   1. 해당 분쟁에 관하여 당사자 사이에 대체적 분쟁해결 절차가 실시되고 있는 경우

   2. 당사자 사이에 대체적 분쟁해결 절차에 의하여 해당 분쟁의 해결을 도모하는 취지의 합의가 있는 경우

② 수소법원은 언제라도 전항의 결정을 취소할 수 있다.

③ 제1항의 신청을 기각하는 결정 및 제2항에 따라 제1항의 결정을 취소하는 결정에 대하여는 불복할 수 없다.

제63조(규칙 제정권)

법원에 의한 대체적 분쟁해결의 구체적인 시행을 위하여 필요한 사항에

관하여는 대법원규칙으로 정할 수 있다.

제6편 보칙

제64조(소멸시효의 중단)

① 이 법에 따른 대체적 분쟁해결 절차 개시의 신청은 시효중단의 효력
이 있다.

② 당사자의 신청에 의한 대체적 분쟁해결 사건에 관하여 다음 각 호의
어느 하나에 해당하는 사유가 있는 때에는 당사자가 1개월 내에 소
를 제기하지 아니하면 시효중단의 효력이 없다.

1. 대체적 분쟁해결 절차 개시의 신청이 철회된 때

2. 제16조에 따라 분쟁해결 절차의 종료가 선언된 때

제65조 (준용규정)

문서의 송달에 관하여는 「민사소송법」 제1편제4장제4절의 규정을, 법정
이율에 관하여는 「소송촉진 등에 관한 특례법」 제3조를 각각 준용한다.

제66조(권한의 위임·위탁)

① 이 법에 따른 법무부장관의 권한은 그 일부를 대통령령으로 정하는 바
에 따라 특별시장·광역시장·특별자치시장·도지사·특별자치도지사 또
는 시장·군수·구청장(자치구의 구청장을 말한다)에게 위임할 수 있다.

우리나라 ADR법, 이렇게 제정하자

② 법무부장관은 이 법에 따른 업무의 일부를 대통령령으로 정하는 바에 따라 대체적 분쟁해결제도의 발전을 촉진할 목적으로 설립된 기관이나 법인 또는 단체에 위탁할 수 있다.

제67조(벌칙 적용에서의 공무원 의제)

제42조에 따른 인증사업자는 「형법」 제129조부터 제132조까지의 규정에 따른 벌칙을 적용할 때에는 공무원으로 본다.

제7편 벌칙

제68조(벌칙)

다음 각 호의 어느 하나에 해당하는 자는 2년 이하의 징역 또는 2천만원 이하의 벌금에 처한다.

1. 제10조제2항을 위반하여 대체적 분쟁해결 절차상 알게 된 비밀을 타인에게 누설하거나 직무상 목적 외에 사용한 자
2. 제24조제2항에 따른 증인·참고인·감정인으로서 허위의 진술 또는 감정을 한 자
3. 거짓이나 그 밖의 부정한 방법으로 제42조제1항에 따른 인증을 받은 자
4. 제42조제4항에 따른 점검을 정당한 사유 없이 거부·방해 또는 기피한 자
5. 제44조제1항에 따라 인증이 취소된 후 또는 업무정지기간 중에 인증

업무를 수행한 자

6. 제55조제1항에 따른 중립인의 출입·조사·열람·복사 또는 참고인의 진술 청취를 정당한 사유 없이 거부·방해 또는 기피한 자

제69조(양벌규정)

법인·기관·단체의 대표자나 법인·기관·단체 또는 개인의 대리인, 사용인, 그 밖의 종업원이 그 법인·기관·단체 또는 개인의 업무에 관하여 제68조의 위반행위를 하면 그 행위자를 벌하는 외에 그 법인·기관·단체 또는 개인에게도 해당 조문의 벌금형을 과한다. 다만, 법인·기관·단체 또는 개인이 그 위반행위를 방지하기 위하여 해당 업무에 관하여 상당한 주의와 감독을 게을리 하지 아니한 경우에는 그러하지 아니하다.

제70조 (과태료)

① 다음 각 호의 어느 하나에 해당하는 자는 1천만원 이하의 과태료에 처한다.

1. 제46조 및 제48조제2항에 따른 신고를 하지 않거나 허위의 신고를 한 자

2. 제47조에 따른 인계를 하지 않은 자

3. 제49조에 따른 사업보고서 등을 제출하지 아니하거나 거짓으로 작성하여 제출한 자

4. 제50조제1항에 따른 보고를 하지 않거나 허위의 보고를 한 자

5. 제50조제1항에 따른 공무원의 출입·검사 또는 관계자에 대한 질문을 정당한 사유 없이 거부·방해 또는 기피한 자

6. 제51조제2항에 따른 명령을 정당한 이유 없이 따르지 아니한 자

② 제1항에 따른 과태료는 대통령령으로 정하는 바에 따라 법무부장관
이 부과·징수한다.

| 부칙 |

제1조(시행일)

이 법은 공포 후 1년이 경과한 날부터 시행한다.

제2조(금치산자 등의 결격사유에 관한 특례)

이 법 시행 당시 이미 금치산 또는 한정치산의 선고를 받은 사람에 대하
여는 제18조 및 제43조에도 불구하고 2018년 6월 30일까지는 이 법에 따
른 결격사유가 있는 것으로 본다.

Ⅱ
정부에 의해 마련된 갈등관리 관련 법안

제1장 총칙

제1조(목적)

이 법은 공공기관의 갈등 예방과 해결에 관한 역할·책무 및 절차 등을 정함으로써 공공기관의 갈등 예방과 해결능력을 향상시키고 사회통합에 이바지함을 목적으로 한다.

제2조(기본이념)

이 법은 공공기관과 국민 상호간에 대화와 타협 그리고 신뢰회복을 통한 합의의 틀을 구축하고 참여와 협력을 바탕으로 갈등을 원만하게 예방·해결함으로써 민주사회의 지속가능한 발전에 이바지함을 기본이념으로 한다.

제3조(정의)

이 법에서 사용하는 용어의 정의는 다음과 같다.

1. "갈등"이라 함은 공공기관이 법령 또는 자치법규(이하 "법령 등"이라 한다)를 제정 또는 개정하거나 구체적 사실에 관하여 법령 등을 집행하는 과정 또는 정책·사업계획을 수립하거나 추진하는 과정에서 발생하는 이해관계의 충돌을 말한다.

2. "공공기관"이라 함은 국가행정기관·지방자치단체 그밖에 공공단체 중 대통령령이 정하는 기관을 말한다.

3. "공공정책 등"이라 함은 공공기관의 장 및 제11조제4항의 규정에 의한 민간사업자(이하 "공공기관의 장등"이라 한다)가 행하는 법령 등의 제정 또는 개정 및 정책·사업계획을 말한다.

4. "갈등영향분석"이라 함은 공공정책 등을 수립·추진함에 있어서 공공정책 등이 사회에 미치는 갈등의 요인을 예측·분석하고 예상되는 갈등에 대한 대책을 강구하는 것을 말한다.

5. "갈등관리"라 함은 공공기관이 갈등을 예방하고 해결하기 위하여 수행하는 모든 활동을 말한다.

제4조(공공기관의 책무)

① 국가 및 지방자치단체는 사회 전반의 갈등예방 및 해결능력을 강화하기 위하여 종합적인 시책을 수립하여 추진하여야 한다.

② 국가 및 지방자치단체는 갈등의 예방 및 해결과 관련된 법령 등을 이

법의 취지에 따라 정비하여야 한다.

③ 공공기관은 갈등을 신속하고 효율적으로 해결할 수 있는 다양한 수단을 발굴하여 적극 활용하여야 한다.

④ 공공기관은 소속 직원에 대하여 갈등의 예방과 해결능력 향상에 필요한 교육훈련을 실시하고 갈등관리능력을 기관의 인사운영의 중요한 기준으로 설정·반영하여야 한다.

제5조(다른 법률과의 관계)

갈등의 예방과 해결에 관하여 다른 법률에 특별한 규정이 있는 경우를 제외하고는 이 법이 정하는 바에 따른다.

제2장 갈등 예방 및 해결의 원칙

제6조(자율해결과 신뢰확보)

① 공공기관의 장 등과 이해관계자는 대화와 타협으로 갈등을 자율적으로 해결할 수 있도록 서로 노력하여야 한다.

② 공공기관의 장은 공공정책 등을 수립·추진함에 있어서 이해관계자의 신뢰를 확보할 수 있도록 노력하여야 한다.

제7조(참여와 절차적 정의)

공공기관의 장은 공공정책 등을 수립·추진함에 있어서 이해관계자·일

우리나라 ADR법, 이렇게 제정하자

반시민 또는 전문가 등의 실질적인 참여와 절차적 정의가 보장되도록 노력하여야 한다.

제8조(이익의 비교형량)

공공기관의 장은 공공정책 등을 수립·추진함에 있어 달성하고자 하는 공익과 이와 상충되는 다른 공익 또는 사익을 비교·형량하여야 한다.

제9조(정보공개 및 공유)

공공기관의 장은 이해관계자가 공공정책 등의 취지와 내용을 충분히 이해할 수 있도록 관련정보를 공개하고 공유하도록 노력하여야 한다.

제10조(지속가능한 발전의 고려)

공공기관의 장은 공공정책 등을 수립·추진함에 있어서 미래의 세대에게 발생하는 편익·비용과 함께 경제적으로 계량화하기 어려운 가치도 고려하여야 한다.

제3장 갈등의 예방

제11조(갈등영향분석)

① 공공기관의 장은 대통령령이 정하는 공공정책 등을 수립·시행·변경함에 있어서 국민생활에 중대하고 광범위한 영향을 주거나 국민의

이해 상충으로 인하여 과도한 사회적 비용이 발생할 우려가 있다고 판단되는 경우에는 해당 공공정책 등을 결정하기 전에 갈등영향분석을 실시할 수 있다.

② 공공기관의 장은 제1항의 규정에 의한 갈등영향분석을 위하여 대통령령이 정하는 바에 따라 갈등영향분석서를 작성하여 제12조의 규정에 의한 갈등관리심의위원회에 심의를 요청하여야 한다.

③ 국가행정기관 및 지방자치단체의 장은 「사회기반시설에 대한 민간투자법」 제2조제7호의 규정에 의한 사업시행자 그 밖에 대통령령이 정하는 공공사업을 시행하는 사업자에게 갈등영향분석을 실시하게 할 수 있다.

④ 제3항의 규정에 의하여 갈등영향분석을 실시하는 사업자(이하 "민간사업자"라 한다)는 대통령령이 정하는 바에 따라 갈등영향분석서를 작성하여 동사업을 소관하는 공공기관의 장에게 제출하여야 한다. 이 경우 제출된 갈등영향분석에 대한 심의절차는 제2항의 규정을 준용한다.

⑤ 제2항의 규정에 의한 갈등영향분석서에는 다음 각 호의 사항이 포함되어야 한다.

1. 공공정책 등의 개요 및 기대효과

2. 이해관계자의 확인 및 의견조사내용

3. 관련단체 및 전문가의 의견

4. 갈등유발요인 및 예상되는 주요쟁점

5. 갈등의 예방·해결을 위한 구체적인 계획

6. 그 밖에 갈등의 예방·해결을 위하여 필요한 사항으로서 대통령령이 정하는 사항

우리나라 ADR법, 이렇게 제정하자

⑥그 밖에 갈등영향분석에 관하여 필요한 사항은 대통령령으로 정한다.

제12조(갈등관리심의위원회의 설치 등)

① 공공기관 소관 사무의 갈등관리와 관련된 사항을 심의하기 위하여 대통령령이 정하는 바에 따라 공공기관에 갈등관리심의위원회를 둔다.

② 갈등관리심의위원회는 위원장을 포함하여 11인 이내의 위원으로 구성한다.

③ 공공기관의 장은 소속 관계직원과 갈등의 예방과 해결에 관한 학식과 경험이 풍부한 자 중에서 위원을 임명 또는 위촉하되, 위원장은 위촉위원 중에서 위촉한다.

④ 갈등관리심의위원회의 위원은 중립적이고 공정한 입장에서 활동하여야 한다.

⑤ 그 밖에 갈등관리심의위원회의 구성·운영에 관하여 필요한 사항은 대통령령으로 정한다.

제13조(갈등관리심의위원회의 기능)

갈등관리심의위원회는 다음 각 호의 사항을 심의한다.

1. 제4조제1항의 규정에 의한 종합적인 시책의 수립·추진에 관한 사항

2. 제4조제2항의 규정에 의한 법령등의 정비에 관한 사항

3. 제4조제3항의 규정에 의한 다양한 갈등해결수단의 발굴·활용에 관한 사항

4. 제4조제4항의 규정에 의한 교육훈련의 실시에 관한 사항

5. 제11조의 규정에 의한 갈등영향분석에 관한 사항

6. 갈등의 예방·해결에 관한 민간활동의 지원에 관한 사항

7. 그 밖에 갈등의 예방·해결에 관하여 공공기관의 장이 필요하다고 인정한 사항

제14조(심의결과의 반영)

공공기관의 장등은 정당한 사유가 있는 경우를 제외하고는 제13조의 규정에 의한 갈등관리심의위원회의 심의결과를 공공정책 등의 결정과정 또는 사업시행과정에 성실히 반영하여야 한다.

제15조(참여적 의사결정방법의 활용)

① 공공기관의 장등은 갈등관리심의위원회의 제13조제5호의 규정에 의한 갈등영향분석에 대한 심의결과 갈등의 예방·해결을 위하여 이해관계자·일반시민 또는 전문가 등의 합의(이하 "사회적 합의"라 한다) 등이 중요한 요인으로 판단되는 경우에는 이해관계자·일반시민 또는 전문가 등이 참여하는 의사결정방법을 활용할 수 있다.

② 공공기관의 장 등은 참여적 의사결정방법의 활용결과를 공공정책 등의 결정과정에서 충분히 고려하여야 한다.

③제1항의 규정에 의한 의사결정방법에 관하여 필요한 사항은 대통령령으로 정한다.

제16조(소관 행정기관의 협조요청)

국가행정기관 및 지방자치단체를 제외한 공공기관의 장 및 민간사업자가 제13조의 규정에 의한 갈등관리심의위원회의 심의결과 자체적으로 갈

등의 예방과 해결이 어렵다고 판단되는 경우에는 대통령령이 정하는 바에 따라 소관 행정기관의 장에게 협조를 요청할 수 있다.

제4장 갈등관리지원센터

제17조(갈등관리지원센터의 설치)

① 갈등관리를 위한 조사·연구·교육훈련·전문가 양성과 공공기관의 갈등관리 지원 등을 위하여 갈등관리지원센터(이하 "지원센터"라 한다)를 설립한다.

② 지원센터는 법인으로 한다.

③ 지원센터에 관하여 이 법에서 정한 것을 제외하고는 「민법」중 재단법인에 관한 규정을 준용한다.

제18조(지원센터의 기능)

① 지원센터는 다음 각 호의 업무를 수행한다.

  1. 갈등의 예방·해결을 위한 정책 조사·연구

  2. 갈등의 예방·해결을 위한 법령·제도·문화 등의 조사·연구

  3. 갈등의 예방·해결 과정과 관련된 매뉴얼 작성·보급

  4. 갈등의 예방·해결을 위한 교육훈련 프로그램의 개발·보급·지원

  5. 갈등의 예방·해결을 위한 관련전문가 양성

  6. 제11조의 규정에 의한 갈등영향분석에 관한 지원

7. 제12조 및 제13조의 규정에 의한 갈등관리심의위원회의 활동 지원

8. 제15조의 규정에 의한 참여적 의사결정방법의 활용 지원

9. 제20조 내지 제22조의 규정에 의한 갈등조정회의 활동 지원

10. 민간부문의 갈등관리와 관련된 활동의 지원

11. 그 밖에 갈등의·해결을 위한 지원에 관하여 필요하다고 인정되는 사업으로서 대통령령이 정하는 사업

② 지원센터는 제1항의 규정에 의한 목적달성의 범위내에서 필요한 경비를 조달하기 위하여 대통령령이 정하는 바에 따라 수익사업을 할 수 있다.

③ 그 밖에 지원센터의 설치 및 운영 등에 관하여 필요한 사항은 대통령령으로 정한다.

제19조(출연)

① 정부는 지원센터의 설립·운영에 필요한 경비를 예산의 범위 안에서 출연할 수 있다.

② 제1항의 규정에 의한 출연에 관하여 필요한 사항은 대통령령으로 정한다.

제5장 갈등조정회의

제20조(갈등조정회의)

① 공공기관의 장은 공공정책 등으로 인하여 발생한 갈등을 조정하기

위하여 필요하다고 판단되는 경우에는 사안별로 사회적 합의촉진을
위한 갈등조정회의(이하 "조정회의"라 한다)를 둘 수 있다.

② 공공기관의 장은 조정회의의 구성과 운영에 필요한 행정적 지원을 하
여야 한다.

제21조(조정회의의 기본규칙 등)

① 조정회의의 구성과 운영은 공공기관과 이해관계자(이하 "당사자"라
한다)간의 합의에 의하여 정하는 기본규칙을 따른다.

② 당사자가 필요하다고 인정하는 경우 관련단체와 전문가를 조정회의
에 참석시킬 수 있다.

③ 공동의 이해관계가 있는 다수의 당사자는 그중 1인 또는 수인을 대표
당사자로 선임할 수 있다.

④ 당사자 등은 상호존중과 신뢰를 바탕으로 공동의 이익이 되는 대안
을 창출하기 위하여 적극적으로 협력하여야 한다.

⑤ 조정회의의 의장 또는 진행자는 중립성과 공정성을 바탕으로 당사자
간에 합의가 도출될 수 있도록 지원하는 역할에 충실하여야 한다.

⑥ 그 밖에 조정회의의 기본규칙에 관하여 공통적으로 필요한 사항은
대통령령으로 정한다.

제22조(합의의 효력 및 이행)

① 조정회의의 합의사항은 문서로 작성하고 당사자가 서명하여야 한다.

② 제1항의 규정에 의한 조정회의의 합의사항은 법령 등에 위배되거나
중대한 공익을 침해하지 아니하여야 한다.

③ 당사자는 제1항의 규정에 의한 합의사항을 신의에 따라 성실하게 이행하여야 한다.

제6장 보칙

제23조(갈등전문인력의 양성 등)

국가는 갈등관리에 관한 전문인력을 양성하기 위한 교육훈련, 자격제도의 도입 등 필요한 시책을 수립할 수 있다.

제24조(재정지원 등)

국가 및 지방자치단체는 갈등관리에 필요한 조사·연구·교육훈련과 민간부문의 자발적인 갈등관리 활동을 촉진하기 위하여 필요한 재정지원 등을 할 수 있다.

| 부칙 |

제1조(시행일)

이 법은 공포 후 6월이 경과한 날부터 시행한다. 다만, 제11조의 규정 중 중앙행정기관을 제외한 공공기관과 민간사업자의 갈등영향분석에 관한 사항과 제12조 내지 제16조의 규정중 중앙행정기관을 제외한 공공기관에 두

우리나라 ADR법, 이렇게 제정하자

는 갈등관리심의위원회의 설치 등에 관한 사항은 이 법 공포 후 1년 6월이
경과한 날부터 시행한다.

제2조(지원센터 설립준비)

① 국무조정실장은 이 법 시행일 전에 7인 이내의 설립위원을 위촉하여
지원센터의 설립에 관한 사무와 설립 당시의 이사 및 감사의 선임에
관한 사무를 담당하게 하여야 한다.

② 설립위원은 지원센터의 정관을 작성하여 국무조정실장의 인가를 받
아야 한다.

③ 설립위원은 제2항의 규정에 의한 인가를 받은 때에는 지체없이 연명
으로 지원센터의 설립등기를 한 후 지원센터의 장에게 사무를 인계
하여야 한다.

④ 설립위원은 제3항의 규정에 의한 사무인계가 끝난 때에 해촉된 것으
로 본다.

⑤ 지원센터의 설립을 위하여 지출한 경비는 정부출연금 및 지원센터의
수익금으로 이를 충당한다.

제3조(갈등영향분석과 갈등관리심의위원회의 시범실시에 관한 특례)

① 공공기관의 장 등은 이 법 시행일 전에 소관사무의 범위 안에서 시범
적으로 제11조의 규정에 의한 갈등영향분석을 실시할 수 있다.

② 공공기관의 장은 이 법 시행일 전에 시범적으로 제12조 내지 제16조
의 규정에 의한 갈등관리심의위원회의 설치 등을 할 수 있다.

이웃분쟁조정 관련 법규
(국내 조례 및 외국의 법률)

1. 서울특별시 공동주거시설 층간소음 관리에 관한 조례
시행: 2018.1.4. [서울특별시조례 제6692호, 2018.1.4. 제정]

제1장 총칙

제1조(목적)

이 조례는 공동주거시설의 층간소음 관리를 위하여 필요한 사항을 규정함으로써 층간소음을 예방하고 이웃 간 갈등을 해결하여 시민의 삶 향상에 이바지함을 목적으로 한다.

제2조(정의)

이 조례에서 사용하는 용어의 뜻은 다음과 같다.

1. "공동주거시설"이란 2가구 이상이 건축물의 바닥·벽·복도·계단이나 그 밖의 설비 등의 전부 또는 일부를 공동으로 사용하고, 하나의 건축물 안에서 각각 독립된 주거생활을 할 수 있는 구조로 된 공동주택 등의 시설을 말한다.

2. "입주자등"이란 「공동주택관리법」제2조제1항제7호 및 그 밖의 공동주거시설의 소유자와 공동주거시설을 임차하여 사용하는 자를 말한다.

3. "층간소음"이란 공동주거시설 입주자등의 활동으로 인하여 발생하는 소음으로 「공동주택관리법」 제20조제1항 및 「공동주택 층간소음의 범위와 기준에 관한 규칙」제2조에 따른 소음을 말한다.

제3조(서울특별시장의 책무)

서울특별시장(이하 "시장"이라 한다)은 입주자등이 층간소음으로 인해 피해를 받지 않고 생활할 수 있도록 층간소음 예방 및 갈등해결을 위해 노력하여야 한다.

제4조(입주자등의 권리 및 책무)

① 입주자등은 층간소음으로 인한 피해를 받지 않는 환경에서 생활할 권리를 가진다.

② 입주자등은 층간소음 예방을 통해 이웃을 배려하고 이웃이 층간소음으로 인한 피해를 받지 않도록 노력하여야 한다.

③ 입주자등은 이웃이 층간소음으로 인한 피해를 받지 않도록 서울특별시가 추진하는 층간소음 예방 및 갈등해결 시책에 협조하여야 한다.

제5조(다른 조례와의 관계)

층간소음 관리에 관하여 다른 조례에 특별한 규정이 있는 경우를 제외하고는 이 조례에서 정하는 바에 따른다.

제2장 층간소음 관리계획의 수립

제6조(관리계획의 수립·시행)

① 시장은 층간소음 관리를 위한 계획(이하 "관리계획"이라 한다)을 매년 수립·시행하여야 한다.

② 관리계획에는 다음 각 호의 사항이 포함되어야 한다.

　　1. 관리계획의 목표와 방향

　　2. 주요 추진사업 및 계획

　　3. 층간소음 예방 및 갈등해결을 위한 홍보 및 교육에 관한 사항

　　4. 그 밖에 층간소음 관리를 위하여 필요한 사항

제7조(실태조사)

시장은 제6조에 따른 관리계획을 효율적으로 수립·시행하기 위하여 층간소음 피해 실태조사를 실시할 수 있다.

제8조(층간소음 갈등해결지원단)

① 시장은 층간소음 관리를 위한 정책 시행 및 민원 해결을 위하여 층간소음 갈등해결지원단(이하 "지원단"이라 한다)을 구성·운영할 수 있다.

② 지원단은 환경, 법률, 건축, 소음 분야 전문가 및 갈등조정 전문가 또는 민원상담 유경험자 등으로 성별을 고려하여 구성하여야 한다.

제9조(기능)

지원단은 다음 각 호의 업무를 수행한다.

1. 층간소음 민원상담 및 갈등조정

2. 층간소음 자율조정기구 구성 및 운영에 관한 지도

3. 그 밖에 층간소음 관리와 관련하여 시장이 필요하다고 인정하는 사항

제10조(층간소음 민원상담 및 갈등조정)

① 제9조제1호의 민원상담 및 갈등조정의 범위는 서울특별시 내 공동주거시설에서 발생하는 층간소음에 관한 것으로 한다.

② 민원상담 및 갈등조정 대상은 다음 각 호로 한다.

    1. 층간소음 자율조정기구의 요청이나 권고를 거부하는 경우

    2. 층간소음 자율조정기구의 조정에도 불구하고 해결이 안 되는 경우

    3. 그 밖에 시장이 층간소음 갈등조정이 필요하다고 인정하는 경우

③ 민원상담 및 갈등조정은 다음 각 호의 순서에 따른다. 다만, 시장이

필요하다고 인정하는 경우 순서를 변경하거나 각 호에 정한 절차를 생략할 수 있다.

1. 전화, 서면 또는 온라인 상담·조정

2. 현장상담

3. 소음측정

④ 입주자등 및 층간소음 자율조정기구는 층간소음 민원상담 및 갈등 조정에 적극 협조하여야 한다.

제11조(층간소음 측정)

① 시장은 제10조에 따른 층간소음 민원상담 및 갈등조정을 받은 당사 자(이하 "당사자"라 한다)가 요청하는 경우 층간소음 측정을 할 수 있 다. 이 경우 동일한 건에 대한 측정은 1회에 한한다.

② 당사자는 제1항에 따른 측정을 요청하는 경우 층간소음발생일지를 작성하여 시장에게 제출하여야 한다.

③ 시장은 특별한 사유가 없는 경우 층간소음 측정을 의뢰받은 날로부 터 30일 이내에 측정하여야 한다. 다만 당사자의 요구가 있을 경우 측정일을 1회에 한하여 연기할 수 있다.

④ 시장은 다음 각 호의 어느 하나에 해당하는 경우에는 신청을 반려할 수 있다.

1. 당사자와 연락(전화, 문자 등)이 되지 않는 경우

2. 층간소음 발생 원인이 소멸한 것으로 판단되는 경우

3. 당사자가 측정을 2회 이상 연기하는 경우

4. 시장이 측정의 필요성이 적다고 인정하는 경우

제12조(층간소음 자율조정기구)

공동주거시설 입주자등의 층간소음 갈등을 자율적으로 해결하기 위하여 다음 각 호의 자율조정기구를 둘 수 있다.

1. 「공동주택관리법 시행령」 제2조에 따른 의무관리대상 공동주택 등에서 구성한 층간소음 관리위원회

2. 제1호의 층간소음 관리위원회 구성이 어려운 공동주거시설 입주자등을 위한 층간소음 마을소통위원회

제13조(층간소음 관리위원회 구성)

① 시장은 「공동주택관리법」 제2조제1항제8호의 입주자대표회의가 다음 각 호의 업무를 수행하기 위해 입주자등으로 구성된 층간소음 관리위원회(이하 "관리위원회"라 한다)를 구성하도록 권고할 수 있다.

1. 층간소음 생활수칙 제정

2. 층간소음 자체 갈등조정

3. 층간소음 예방 홍보 및 설문조사

4. 층간소음 갈등 해소기관의 조정 절차 안내

5. 층간소음 예방을 위한 교육

6. 그 밖에 층간소음 갈등 해소를 위하여 필요한 사항

② 관리위원회의 구성·운영, 소요비용, 교육비용, 자문료 등 경비에 관한 사항은 입주자대표회의에서 정할 수 있다.

제14조(층간소음 마을소통위원회 구성)

① 시장은 자치구청장에게 관리위원회의 구성이 어려운 공동주거시설 입주자등을 위한 층간소음 마을소통위원회(이하 "마을소통위원회"라고 한다)를 구성하여 운영하도록 권고할 수 있다.

② 제1항에 따른 마을소통위원회의 구성 및 운영 등에 관하여는 자치구청장이 별도로 정한다.

③ 시장은 마을소통위원회 업무수행을 위하여 필요한 회의 및 활동의 수당 등에 대하여 예산의 범위에서 지원할 수 있다.

제15조(지원)

① 시장은 자율조정기구 구성원에게 층간소음 갈등조정에 필요한 교육을 지원할 수 있다.

② 시장은 자율조정기구를 설치한 공동주거시설이 공동체 활성화 공모사업을 신청한 때에는 심사평가 시 가산점을 부여할 수 있다.

제5장 교육 등

제16조(예방교육)

시장은 서울특별시민을 대상으로 층간소음 예방 및 갈등 해결을 위한 예방교육을 실시할 수 있으며, 「환경교육진흥법」 제16조에 따른 환경교육센터와 지역환경교육센터 등 환경교육 지정기관에 교육을 의뢰할 수 있다.

제17조(홍보)

시장은 층간소음 예방 및 갈등해결 방안 등에 관한 홍보자료를 발간·배포하거나 언론매체를 통하여 홍보할 수 있다.

제18조(표창)

시장은 층간소음 갈등을 자율적으로 예방하고 해결하여 공동체의 건전한 생활여건 조성에 이바지한 개인 또는 단체에 대하여 「서울특별시 표창조례」에 따라 표창을 수여할 수 있다.

2. 광주광역시 살기좋은 마을만들기 지원 조례

제정: 2010.03.01. 조례 제3797호
일부개정: 2019.11.01. 조례제 5308호

제1장 총칙

제1조(목적)

이 조례는 쾌적한 도시환경을 조성하고 더불어 살아가는 지역공동체를 형성하기 위한 살기좋은 마을만들기 사업의 효율적인 추진과 지원을 위해 필요한 사항을 정하는 것을 목적으로 한다.

제2조(정의)

이 조례에서 사용하는 용어의 뜻은 다음과 같다.

1. "마을"이란 생활환경을 같이 하며 정서적 유대의식을 갖고 문화 등을 공유하는 공동체를 말한다.

2. "살기좋은 마을만들기"(이하"마을만들기"라 한다)란 주민의 자발적인 참여를 바탕으로 지역의 전통과 특성, 문화자원 등을 활용하여 아름답고 쾌적한 생활환경을 가꾸어 가는 것을 말하며 그 사업은 다음 각 목과 같다.

   가. 지역 공동체 복원 및 형성 사업

   나. 동네 개성과 전통 및 문화재 복원 등 특성화 사업

   다. 쾌적한 주거환경 및 쉼터, 커뮤니티 공간 조성 사업

   라. 그 밖에 주민의 삶의 질을 향상하기 위하여 시장이 필요하다고 인정하는 사업

제3조(기본이념)

마을만들기 사업은 다음 각 호의 기본이념을 바탕으로 추진하여야 한다.

1. 주민의 자발적인 참여와 자치
2. 5·18 정신 등 광주정신에 기초한 인권존중 및 공동체의식의 함양
3. 주민과 시민단체, 시 등 행정기관 간 상호신뢰와 협력의 추구
4. 주민과 마을의 개성과 문화의 다양성에 대한 존중과 배려

제4조(주민의 역할)

주민은 참여와 자치를 바탕으로 하여 마을만들기의 주체로서 역할을 수행한다.

제5조(시장의 책무)

① 시장은 마을만들기 사업을 권장하고 적극적으로 지원하여야 한다.

② 시장은 마을만들기 사업의 원활한 추진을 위해 다음 각 호의 어느 하나에 예산의 범위에서 사업비를 지원할 수 있다. 〈개정 2015.12.28〉

1. 마을공동체 형성 및 활성화 〈신설 2015.12.28.〉

2. 마을과 관련된 정책 및 자원 연구·조사 〈신설 2015.12.28.〉

3. 마을만들기와 관련된 교육, 컨설팅 및 주민역량 강화 〈신설 2015.12.28.〉

4. 마을만들기 민·관 네트워크 구축 〈신설 2015.12.28.〉

5. 마을만들기 관련 박람회·세미나 등 행사 개최 〈신설 2015.12.28.〉

6. 마을 공동 공간 조성 〈신설 2015.12.28.〉

7. 자치구 마을만들기 중간지원조직 지원 〈신설 2015.12.28.〉

8. 마을 환경·경관 개선 〈신설 2015.12.28.〉

9. 마을 인권, 복지, 보육, 건강 등 증진 〈신설 2015.12.28.〉

10. 마을 문화예술 및 교육진흥 〈신설 2015.12.28.〉

11. 마을기업의 육성 및 활성화 〈신설 2015.12.28.〉

12. 마을 모델 발굴 사업 〈신설 2015.12.28.〉

13. 주민 제안 마을 활성화 사업 〈신설 2015.12.28.〉

14. 마을주민 사이 분쟁에 대하여 주민의 자율적·창의적 해결 지원

〈본호신설 2019.11.1.〉

15. 그 밖에 마을만들기를 위하여 필요하다고 인정되는 사업 〈신설 2015.12.28.〉 〈2019.11.1. 종전 제14호에서 이동〉

제6조(계획의 수립)

시장은 매년 마을만들기 지원계획(이하 "지원계획"이라 한다)을 수립하여 추진한다.

제7조(시범사업)

시장은 매년 마을만들기 시범 사업을 선정하여 우선적으로 행정적·재정적 지원을 할 수 있다.

제8조(국제협력의 추진)

시장은 마을만들기와 관련하여 선진외국의 사례를 공유하고 마을 만들기 주체 간 국제적인 연대와 우호협력을 증진하기 위하여 필요한 경우 자매결연 등을 주선하거나 지원할 수 있다.

제9조(포상 및 홍보)

시장은 매년 우수한 마을만들기 사업을 선정하여 포상할 수 있으며 우수사례는 적극 홍보한다.

제10조(형성재산의 사용)

사업의 재정지원에 따라 형성된 재산을 다른 용도로 사용하고자 할 경우나

우리나라 ADR법, 이렇게 제정하자

양도·교환·대여 등을 하고자 할 때는 사전에 시장의 승인을 얻어야 한다.

[본조신설 2015.12.28], [종전 제10조는 제12조로 이동]

제11조(마을정책 플랫폼)

① 시장은 마을만들기 사업 부서간의 정보공유와 협력·연계를 통한 사업의 효과적 추진을 위해 "마을정책 플랫폼"을 구성·운영한다.

② 제1항에 따른 사업부서는 회의참석, 자료제출 등 '마을정책 플랫폼'의 원활한 운영에 적극 협조하여야 한다.

[본조신설 2015.12.28], [종전 제11조는 제13조로 이동]

제2장 살기좋은 마을만들기 위원회

제12조(설치)

① 시장은 마을만들기 사업의 효율적인 추진을 위해 광주광역시 살기좋은 마을만들기 위원회(이하"위원회"라 한다)를 설치하여 운영한다.

② 위원회는 마을만들기와 관련한 다음 각 호의 사항을 심의·의결한다.

　1. 제6조에 따른 지원계획의 수립·변경

　2. 마을만들기 사업의 지원

　3. 시범사업 공모 및 선정

　4. 제9조에 따른 포상 및 홍보

　5. 제22조와 제25조에 따른 지원센터의 설치 및 운영 〈개정 2019.11.1.〉

6. 그 밖에 시장이 주민의 삶의 질 향상을 위하여 필요하다고 인정하여 회의에 부치는 사항

[제10조에서 이동, 종전 제12조는 제14조로 이동, 〈2015.12.28〉]

제13조(구성)

① 위원회는 공동위원장 2명과 부위원장 1명을 포함하여 15명 이내의 위원으로 구성한다. 다만, 특정 성별이 위촉직 위원 수의 10분의 6을 초과하지 아니하도록 하여야 한다. 〈개정 2015.12.28., 2019.11.1.〉

② 공동위원장은 행정부시장과 위촉직 위원 중 선출하는 1명이 되며, 부위원장은 호선한다. 〈개정 2019.11.1.〉

③ 당연직 위원은 자치행정국장, 환경생태국장, 도시재생국장,광주광역시도시재생공동체센터 대표이사가 되며 위촉직 위원은 다음 각 호의 어느 하나에 해당하는 사람 중에서 시장이 위촉한다.〈개정 2010.8.5, 2013.7.22, 2014.9.1, 2017.12.22., 2019.11.1.〉

1. 광주광역시의회에서 추천하는 사람
2. 자치구에서 추천하는 사람
3. 시민단체에서 추천하는 사람
4. 그 밖에 마을만들기와 관련하여 학식과 경험이 풍부한 사람

④ 위원회의 사무를 처리하기 위하여 간사 1명을 두되, 간사는 마을만들기 지원업무 담당과장이 된다. [제11조에서 이동, 종전 제13조는 제15조로 이동, 〈2015.12.28〉]

제14조(위원의 임기)

① 위원의 임기는 2년으로 하되, 1회에 한하여 연임할 수 있다.

② 위원의 사임 등으로 인하여 새로 위촉된 위원의 임기는 전임위원 임기의 남은 기간으로 한다.

[제12조에서 이동, 종전 제14조는 제16조로 이동, 〈2015.12.28〉]

③ 위원회의 회의는 재적위원 과반수의 출석으로 개의하고, 출석위원 과반수의 찬성으로 의결한다.

제15조(위원장 등의 직무)

① 위원장은 위원회를 대표하고 위원회의 업무를 총괄한다.

② 부위원장은 위원장을 보좌하며 위원장이 그 직무를 수행할 수 없을 때에는 부위원장이 그 직무를 대행한다. 위원장과 부위원장이 모두 직무를 수행할 수 없을 때에는 위원장이 미리 지명한 위원이 그 직무를 대행한다.

[제13조에서 이동, 종전 제15조는 제17조로 이동, 〈2015.12.28〉]

제16조(위원회 회의)

① 위원장은 회의의 의장이 되며 회의를 소집한다.

② 위원회 회의는 시장 또는 위원장이 필요하다고 인정하는 경우와 재적위원 3분의 1 이상의 요구가 있는 경우에 소집한다.

③ 위원회의 회의는 재적위원 과반수의 출석으로 개의하고, 출석위원 과반수의 찬성으로 의결한다. [제14조에서 이동, 종전 제16조는 제18조로 이동, 〈2015.12.28〉]

제17조(회의 공개)

위원회의 회의는 공개를 원칙으로 한다. 다만, 위원장이 필요하다고 인정할 때에는 위원회의 결정으로 비공개로 할 수 있다.

[제15조에서 이동, 종전 제17조는 제19조로 이동, 〈2015.12.28〉]

제18조(회의록 공개)

위원회는 회의록을 작성하여야 하며, 작성된 회의록을 비치하여야 한다.

[제16조에서 이동, 종전 제18조는 제20조로 이동, 〈2015.12.28〉]

1. 질병 등의 사유로 위원이 직무를 수행할 수 없다고 판단될 경우
2. 그 밖에 위원으로서 품위를 손상하여 위원으로 부적당하다고 인정되는 경우

제19조(수당 등)

위원회의 회의에 참석한 위원에게 「광주광역시 각종 위원회 구성 및 운영 등에 관한 조례」가 정하는 바에 따라 수당과 여비를 지급할 수 있다.

[제17조에서 이동, 종전 제19조는 제21조로 이동, 〈2015.12.28〉]

제20조(위원의 위촉 해제)

① 시장은 다음 각 호의 사유가 발생하였을 경우에는 위원의 위촉을 해제 할 수 있다.

1. 질병 등의 사유로 위원이 직무를 수행할 수 없다고 판단될 경우
2. 그 밖에 위원으로서 품위를 손상하여 위원으로 부적당하다고 인정되는 경우

우리나라 ADR법, 이렇게 제정하자

[제18조에서 이동, 종전 제20조는 제22조로 이동, 〈2015.12.28〉]

② 지원센터는 다음 각 호의 사업을 수행한다.

　1. 각 마을 만들기 계획의 수립 및 집행에 대한 지원 사업

　2. 활동가 양성 및 주민 교육, 자료의 정리, 홍보

　3. 사업의 연구·분석·평가

　4. 마을만들기와 관련하여 시장이 필요하다고 인정하는 사업

제21조(공청회 등)

① 위원회는 마을만들기 정책과 관련하여 필요한 경우 공청회 또는 세미나 등을 개최할 수 있다.

[제19조에서 이동, 종전 제21조는 제23조로 이동, 〈2015.12.28〉]

② 제1항에 따른 위탁기간은 3년으로 하되, 사업수행 내용을 평가하여 재위탁할 수 있다.

③ 수탁자는 매년 운영계획서를 수립하여 시장의 승인을 받아야 한다.

④ 시장은 예산의 범위에서 지원센터의 운영에 필요한 경비와 사업비 등을 지원할 수 있으며, 지원절차 등은 「광주광역시 지방보조금 관리 조례」에 따른다.〈개정 2015.1.1〉

제22조(지원센터의 설치 등)

① 시장은 마을만들기 사업의 원활하고 효율적인 추진과 지원을 위하여 광주광역시 살기좋은 마을만들기 지원센터(이하"지원센터"라 한다)를 설치·운영할 수 있다.

② 지원센터는 다음 각 호의 사업을 수행한다.

    1. 각 마을 만들기 계획의 수립 및 집행에 대한 지원 사업

    2. 활동가 양성 및 주민 교육, 자료의 정리, 홍보

    3. 사업의 연구·분석·평가

    4. 마을만들기와 관련하여 시장이 필요하다고 인정하는 사업 [제20조에서 이동, 종전 제22조는 제24조로 이동, 〈2015.12.28〉]

제23조(위탁운영 등)

① 시장은 지원센터의 효율적인 운영을 위하여 관련 법인 또는 단체에 위탁하여 운영하게 할 수 있다.

② 사무의 위탁기간은 3년 이내로 하되, 필요한 경우 1회에 한해 3년의 범위에서 재계약할 수 있다. 〈개정 2019.11.1.〉

③ 사무의 위탁과 관련하여 이 조례에서 규정하지 않은 사항은「광주광역시 사무의 민간위탁 조례」를 준용한다. 〈본항신설 2019.11.1.〉

④ 수탁자는 매년 운영계획서를 수립하여 시장의 승인을 받아야 한다. 〈2019.11.1. 종전 제3항에서 이동〉

⑤ 시장은 예산의 범위에서 지원센터의 운영에 필요한 경비와 사업비 등

을 지원할 수 있으며, 지원절차 등은 「광주광역시 지방보조금 관리 조례」에 따른다.〈개정 2015.1.1〉, 〈2019.11.1. 종전 제4항에서 이동〉

제24조(지도·감독)

지원센터를 민간위탁한 경우 시장은 수탁자에게 지원센터의 관리·운영 등에 대하여 필요한 사항을 보고하게 하거나, 관계 공무원으로 하여금 장부 또는 서류를 검사하게 할 수 있다.

[제22조에서 이동, 〈2015.12.28〉]

제25조(위탁계약의 취소 등)

① 시장은 다음 각 호의 어느 하나에 해당하는 경우에는 위탁계약을 취소할 수 있다.

  1. 수탁기관이 법령이나 조례를 위반하는 때

  2. 수탁기관이 위탁계약을 위반한 때

② 시장이 제1항에 따라 위탁계약을 취소하고자 하는 경우에는 사전에 수탁기관에 의견진술의 기회를 주어야 한다.

③ 제1항에 따라 위탁계약이 취소된 때에는 수탁기관은 지체 없이 위탁받은 시설 및 축적된 지적재산 등을 반납하여야 한다. 〈본조신설 2015.12.28〉

제26조(마을분쟁해결지원센터 설치 등)

① 시장은 주민 사이 분쟁에 대하여 주민의 자율적·창의적 해결을 지원하기 위하여 마을분쟁해결지원센터(이하 "분쟁해결센터"라 한다)를 설치·운영할 수 있다.

② 분쟁해결센터에서 처리하는 분쟁 범위는 다음 각 호와 같다.

1. 층간소음·누수·악취·주차·쓰레기·애완동물 문제

2. 그 밖에 주민 사이에서 발생하는 크고 작은 분쟁

③ 분쟁해결센터는 다음 각 호의 사업을 수행한다.

1. 마을분쟁해결 운영계획 수립 및 집행

2. 마을분쟁해결 지원인 양성 및 주민교육, 자료정리, 홍보

3. 마을분쟁해결 프로그램 개발 및 보급

4. 사업의 연구·분석·평가 등

5. 그 밖에 마을분쟁 해결과 관련하여 시장이 필요하다고 인정하는 사업 〈본조신설 2019.11.1.〉

제27조(사무의 위탁 등)

① 시장은 분쟁해결센터의 효율적인 운영을 위하여 관련 법인 또는 단체에 위탁하여 운영하게 할 수 있다.

② 사무의 위탁기간은 3년 이내로 하되, 필요한 경우 1회에 한해 3년의 범위에서 재계약할 수 있다.

③ 사무의 위탁과 관련하여 이 조례에서 규정하지 않은 사항은 「광주광

역시 사무의 민간위탁 조례」를 준용한다.

④ 수탁자는 매년 운영계획을 수립하여 시장의 승인을 받아야 한다.

⑤ 시장은 예산의 범위에서 분쟁해결센터의 사업에 필요한 경비 등을 지
원할 수 있다. 〈본조신설 2019.11.1.〉

제28조(지도·감독 및 위탁계약의 취소 등)

분쟁해결센터를 제27조의 규정에 따라 위탁하여 운영한 경우 지도·감
독 및 위탁계약 취소 등은 제24조 내지 제25조의 규정을 따른다. 〈본조신
설 2019.11.1.〉

제29조(시행규칙)

이 조례 시행에 필요한 사항은 규칙으로 정한다. 〈2019.11.1. 종전 제26
조에서 이동〉

┃ 부칙 〈2019.11.1.〉 ┃

이 조례는 공포한 날부터 시행한다.

제1장 총칙

제1조(목적)

이 조례는 평택시가 정책을 수립하여 추진할 때 발생하는 공공갈등과 이웃 간 분쟁을 미리 예방하고 원만한 조정 및 관리 능력을 향상하여 공공갈등과 이웃분쟁으로 발생하는 과도한 사회적 비용을 줄이고 훼손된 마을공동체를 회복 및 활성화시키는데 이바지함을 목적으로 한다.

제2조(정의)

이 조례에서 사용하는 용어의 뜻은 다음과 같다.

1. "공공정책"이란 평택시(이하 "시"라 한다)가 수립하거나 추진하는 정책 또는 사업계획, 자치법규의 제(개)정을 말한다.
2. "공공갈등"이란 시 공공정책을 수립하거나 추진하는 과정에서 발생하는 이해관계의 충돌을 말한다.
3. "이웃분쟁"이란 생활권을 같이하는 이웃 간 내재된 갈등이 구체적인 문제로 표출된 것을 말한다.
4. "공공갈등관리"란 공공갈등을 예방하고 조정·관리하기 위하여 수행

하는 모든 활동을 말한다.

5. "공공갈등영향분석"이란 공공정책을 수립하거나 추진할 때 그 공공정책이 지역사회에 미치는 갈등의 요인을 예측·조사·분석하고, 공공갈등을 예방·관리하기 위한 합리적 방안 등을 제시하는 것을 말한다.

제3조(적용대상 및 범위)

① 예방과 조정·관리의 적용대상은 시에서 발생하여 지역발전에 중대한 영향을 끼칠 우려가 있는 다음 각 호의 사항으로 한다.

1. 공공갈등: 시의 정책을 둘러싸고 일어나는 공공갈등

2. 이웃분쟁: 이웃 간의 일상 속에서 발생하는 분쟁

3. 그 밖의 공공갈등 및 이웃분쟁 : 평택시장(이하 "시장"이라 한다)이 특별히 필요하다고 인정하는 공공갈등 및 이웃분쟁

② 갈등 적용 대상의 예방과 관리는 법령이나 다른 조례에 특별한 규정이 있는 경우를 제외하고는 이 조례에서 정하는 바에 따른다.

제4조(시장의 책무)

① 시장은 시정 전반의 공공갈등과 이웃분쟁을 예방하고 그 관리 능력을 강화하기 위하여 갈등과 분쟁에 대한 진단을 실시하고 종합적인 정책을 수립하여 추진하여야 한다.

② 시장은 소속 공무원에게 공공갈등과 이웃분쟁 예방 및 관리능력 향상을 위하여 교육훈련을 실시하여야 한다.

제5조(지속가능한 발전의 고려)

시장은 공공정책 등을 수립·추진하면서 미래의 세대에게 발생하는 편익·비용과 함께 경제적으로 계량화하기 어려운 가치도 고려하여야 한다.

제6조(자율해결과 신뢰확보)

① 공공갈등과 이웃분쟁의 당사자는 대화와 타협을 통하여 자율적으로 공공갈등을 해결할 수 있도록 노력하여야 한다.

② 시장은 제1항에 따른 자율적 해결이 어렵다고 판단될 경우 중립적 위치에서 당사자 간에 갈등과 분쟁이 합리적으로 해소될 수 있도록 유도함으로써 이해관계인의 신뢰회복에 노력하여야 한다.

제7조(이익의 비교·형량)

시장은 정책을 수립·추진할 때 달성하려는 공익과 이와 상충되는 다른 공익 또는 사익을 비교·형량 하여 서로 간 최대한 균형 및 조화가 이루어지도록 하여야 한다.

제8조(참여적 의사결정방법의 활용)

① 시장은 갈등과 분쟁의 예방·관리를 위하여 이해관계인 또는 전문가 등이 정책의 결정과정에 직접 참여하는 의사결정 방법을 활용할 수 있다.

② 시장은 참여적 의사결정 방법의 활용결과를 정책 등의 결정과정에 반영하기 위해 노력하여야 한다.

제9조(공공갈등영향분석)

시장은 공공정책을 수립·시행·변경할 때 시민생활과 밀접한 관계가 있거나 시민과의 이해 상충으로 과도한 사회적 비용이 발생될 우려가 있는 경우에는 공공갈등영향분석을 실시할 수 있다.

제2장 평택시 공공갈등관리심의위원회

제10조(공공갈등관리심의위원회의 설치 및 기능)

시장은 시의 공공갈등관리와 관련된 다음 각 호의 사항을 심의·자문하기 위하여 평택시 공공갈등관리심의위원회(이하 "위원회"라 한다)를 둘 수 있다.

1. 공공갈등 예방·관리를 위한 종합계획
2. 공공갈등관리 대상사업
3. 공공갈등관리 관련 자치법규 정비
4. 공공갈등영향분석 실시여부
5. 공공갈등조정협의회 구성·운영
6. 그 밖에 시장이 공공갈등의 예방·관리에 필요하다고 인정하는 사항

제11조(위원회의 구성 및 임기)

① 위원회는 위원장 1명과 부위원장 1명을 포함하여 15명 이내로 구성하며, 위원장은 부시장이 되고 부위원장은 위촉직 위원 중에서 호선

하여 선출한다.

② 위촉직 위원은 다음 각 호의 해당하는 사람 중에서 시장이 임명 또는 위촉하되, 특정 성별이 전체 위원의 10분의 6을 초과하지 아니하도록 하여야 한다.

1. 평택시의회에서 추천하는 시의원 2명

2. 갈등관리 총괄업무 담당국장

3. 시민단체, 대학교수, 변호사, 언론인

4. 갈등의 예방과 관리에 관한 지식과 경험이 풍부한 사람

③ 공무원이 아닌 위원의 임기는 2년으로 하며, 한 차례만 연임할 수 있다.

④ 위원의 해촉에 따라 새로 위촉된 위원의 임기는 전임위원 임기의 남은 기간으로 한다.

제12조(위원의 제척·기피·회피)

① 위원이 다음 각 호의 어느 하나에 해당하는 경우에는 위원회의 심의·의결에서 제척(除斥)된다.

1. 위원이나 그 배우자 또는 배우자였던 사람이 해당 안건의 당사자가 되거나 그 안건의 당사자와 공동권리자 또는 공동의무자인 경우

2. 위원이 해당 안건의 당사자와 친족이거나 친족이었던 경우

3. 위원이 해당 안건에 대하여 증언, 진술, 자문·조언, 연구, 용역 또는 감정을 한 경우

4. 위원이나 위원이 속한 법인이 해당 안건의 당사자의 대리인이거나

대리인이었던 경우

② 안건의 당사자는 위원에게 공정한 심의·의결을 기대하기 어려운 사정이 있는 경우에는 위원회에 기피 신청을 할 수 있고, 위원회는 의결로 기피 여부를 결정한다. 이 경우 기피 신청의 대상인 위원은 그 의결에 참여할 수 없다.

③ 위원이 제1항 각 호에 따른 제척사유에 해당하는 경우에는 스스로 해당 안건의 심의·의결에서 회피(回避)하여야 한다.

제13조(위원의 해촉)

시장은 위촉직 위원이 다음 각 호의 어느 하나에 해당하는 경우에는 그 위원의 위촉을 해촉할 수 있다.

1. 위원 스스로 사임을 원하는 경우
2. 심신장애로 인하여 직무를 수행할 수 없게 된 경우
3. 질병, 해외출장 등 그 밖의 사유 등으로 6개월 이상 직무를 수행할 수 없을 경우
4. 직무태만, 품위손상이나 그 밖의 사유로 직무를 수행하기에 적합하지 아니하다고 인정되는 경우
5. 제12조제1항 각 호의 어느 하나에 해당함에도 불구하고 회피하지 아니한 경우
6. 제21조에 따른 의무를 위반하였을 경우

제14조(위원회의 회의 등)

① 위원회의 회의는 재적위원 과반수의 출석과 출석위원 과반수의 찬성

으로 의결한다.

② 위원장은 위원회의 회의를 개최하려면 개최일 7일 전까지 회의의 일시·장소 및 주제를 각 위원에게 미리 알려야 하고, 심의안건 및 심의에 필요한 자료를 회의 개최일 3일 전까지 배부하여야 한다. 다만, 긴급한 경우나 부득이한 사유가 있는 경우에는 예외로 한다.

③ 위원장은 안건과 관련하여 필요하다고 인정하면 그 안건과 관련된 관계 부서의 장을 출석시켜 발언하게 할 수 있다.

④ 시장 또는 위원장이 필요하다고 인정하거나 사안이 경미할 때 서면회의로 갈음할 수 있다.

⑤ 위원회의 사무를 처리하기 위하여 간사와 서기 각 1명을 두며, 간사는 갈등관리 업무담당 부서의 장이 되고, 서기는 갈등관리 업무담당 팀장이 된다.

⑥ 그 밖에 위원회의 운영에 필요한 사항은 위원회의 의결을 거쳐 위원장이 정한다.

제15조(심의결과의 반영)

시장은 제14조에 따른 위원회의 심의결과를 공공정책의 수립과 추진 과정에 성실히 반영하기 위하여 노력하여야 한다.

제16조(이웃·공공갈등조정협의회 설치)

시장은 이웃·공공갈등을 원만하게 조정하고 관리하기 위하여 필요하다고 인정되는 경우 사안별로 갈등관리 총괄부서에 이웃·공공갈등조정협의회(이하"협의회"라 한다)를 둘 수 있다.

제17조(협의회의 구성 및 운영)

① 협의회는 회장 1명을 포함하여 11명 이내의 위원으로 구성하되, 회장은 해당 사안과 직접 관련이 없는 위원 중에서 협의회에서 선정한다.

② 위원은 해당 사안 담당 부서의 소속 공무원 및 이해관계인(이하"당사자"라 한다), 해당 분야의 전문가로 구성한다.

③ 회장은 필요하다고 인정하는 경우 해당 사안 관련 단체를 협의회에 참석시켜 의견을 들을 수 있다.

④ 시장은 협의회의 구성과 운영에 필요한 행정적·재정적 지원을 할 수 있다.

⑤ 협의회는 활동기간을 정하여 운영하여야 한다. 다만, 필요시 협의회 구성원 간 합의하여 기간을 연장할 수 있다.

제18조(협의결과문의 이행)

① 협의결과문의 내용은 법령에 위반되거나 중대한 공익을 침해하여서는 아니 된다.

② 갈등의 당사자는 제1항에 따른 협의결과를 신의성실의 원칙에 따라

충실하게 이행하도록 노력하여야 한다.

제4장 평택시 이웃분쟁조정센터 설치 등

제19조(이웃분쟁조정센터의 설치 및 운영)

① 시장은 다음 각 호의 업무를 수행하기 위하여 평택시 이웃분쟁조정센터(이하 "센터"라 한다)를 설치·운영할 수 있다.

  1. 이웃분쟁의 조정과 자문에 관한 사항

  2. 이웃분쟁 조정 매뉴얼의 작성·활용에 관한 사항

  3. 분쟁의 예방·관리를 위한 이웃분쟁조정인 양성교육에 관한 사항

  4. 갈등영향분석에 관한 조사·연구 사항

  5. 참여적 의사결정방법에 관한 조사·연구 사항

  6. 마을 단위 소통방 운영 지원에 관한 사항

  7. 그 밖에 시장이 갈등의 예방·관리에 필요하다고 인정하는 사항

② 시장은 센터의 운영과 시설 관리를 이웃분쟁 관련 분야에 대한 경험과 운영 능력을 갖춘 비영리 법인이나 단체에 위탁할 수 있다.

③ 제2항에 따라 센터의 운영을 위탁하는 경우 이 조례에서 정하지 아니한 사항은 「평택시 사무의 민간위탁 촉진 및 관리 조례」를 따른다.

④ 시장은 센터 관리 및 운영에 필요한 경비를 예산의 범위에서 지원할 수 있다.

      우리나라 ADR법, 이렇게 제정하자

제20조(공공갈등의 점검 및 평가)

시장은 연 1회 이상 각 부서의 공공갈등 및 이웃분쟁 관리 실태를 점검·평가할 수 있다.

제21조(위원의 의무)

위원회 및 협의회의 위원은 공공갈등 및 이웃분쟁 심의 또는 조정과정에서 알게 된 정보 등을 누설하거나 자신의 이익을 위하여 이용해서는 아니 된다.

제22조(갈등관리 매뉴얼의 작성 및 활용)

시장은 공공정책을 수립하거나 추진할 때 갈등관리 매뉴얼을 작성·활용할 수 있다.

제23조(수당 등)

위원회 및 협의회에 출석한 위원에게는 예산의 범위에서 「평택시 위원회 참석수당 등의 지급에 관한 조례」에 따라 수당과 여비를 지급할 수 있다.

제24조(시행규칙)

이 조례의 시행에 필요한 사항은 규칙으로 정한다.

| 부칙(제정 2019.6.28. 조례 제1686호) |

이 조례는 공포한 날부터 시행한다.

분쟁에 관한 조정 서비스를 제공하는 지역주민조정센터의 설립과 운영을 위한 법

제1절 서문

약칭과 시행

1. 이 법을 지역주민조정센터법이라고 칭한다.

해설

2-(1) 이 법에서, 문맥상 달리 해석될 필요가 있는 경우를 제외하고-

"지역주민조정센터"는 제3조에 따라 설립된 지역주민조정센터를 가리킨다.

"이사"란(이사로) 재직 중이거나 적절한 절차에 따라 지역주민조정센터 이사의 역할을 행하는 자를 가리킨다.

"직무"는 권리, 권한, 의무를 포함한다.

"조정"은 다음을 포함한다.

(a) 분쟁의 화해 논의의 추진을 목적으로 하는 모든 활동의 인수;

(b) 위의 목적을 위하여, 분쟁의 일방 당사자의 신청 또는 이사의 직권으로 분쟁

당사자들을 소집하는 것; 그리고

(c) 논의 또는 화해에 관한 문제의 후속조치;

"조정 기일"은 어떤 문제에 관해서 분쟁이 있는 둘 이상의 당사자들이 이 법에 따라 하는 회의를 가리킨다;

"조정자"는 지역주민조정센터에 관련하여 다음을 가리킨다–

(a) 지역주민조정센터의 이사; 또는

(b) 제8조에 따라 잠정적으로 지역주민조정센터의 조정자로 임명된 사람

(2) 이 법상 직무의 이행은, 직무가 의무를 의미하는 경우, 의무의 수행에 관한 것을 포함한다.

(3) 이 법상 조정 기일의 당사자는 조정 기일을 적법하게 신청한 분쟁 당사자를 포함하나, 조정 기일은 진행하는 조정자는 포함되지 않는다.

(4) 이 법상 조정자의 조정 기일 진행은 조정자의 참석 또는 감독 하에 기일을 진행하는 것을 포함한다.

지역주민조정센터의 설립

3. 지역주민조정센터는 관보에 게재된 순서에 따라 주무부장관이 결정하는 구역에 설치되어야 하며, 조정 서비스 제공을 목적으로 하는 이 법에 따라 운영되어야 한다.

이사

4. 주무부장관은 각 지역주민조성센터마다 이사를 임명해야 하며 동일인이 한 곳 이상의 지역주민조정센터 이사가 될 수 있다.

이사의 위임

5-(1) 지역주민조정센터 이사는 적절하다고 판단되는 때에 지역주민조성센터의 직원, 피고용인 또는 임원에게 이사의 직무를 행하도록 위임할 수 있으며(다만 이 위임권 자체는 제외), 위임의 전체 또는 일부분을 철회할 수 있다.

(2) 이 조항에 따라 이행되도록 위임된 직무는, 위임이 철회되지 않는 동안은, 위임의 조건에 따라 정해진 기간 동안 이행될 수 있다.

(3) 이 조항에 따른 위임은 조건부 또는 제한부로 행해질 수 있다.

(4) 이 조항에 따른 위임에도 불구하고, 이사는 계속해서 위임과 관련된 직무의 전부 또는 일부를 수행할 수 있다.

(5) 이 조항에 의한 수임인이 직무를 행하기 위해 한 모든 행위와 일은 이사가 행하였을 때와 같은 효력을 갖는다.

지역주민조정센터의 운영 장소

6-(1) 지역주민조정센터의 주사무소는 지역주민조정센터에 관하여 제3조의 순서에 따라 명시된 구역에 설치되어야 한다.

(2) 지역주민조정센터의 활동은 주사무소에서 또는 이사가 기간을 정해 승인한 장소에서 이루어질 수 있다.

기록

7-(1) 지역주민조정센터의 이사는 지역주민조정센터의 활동에 관한 기록이 제16조에 따라 이루어질 지역주민조정센터에 대한 평가가 적절하게 이루어질 수 있도록 필요하거나 적합하게 작성 및 보관되도록 보장해야 한다.

(2) 지역주민조정센터의 조정자에게 배정된 분쟁에 관한 기록은, 경우에 따라, 조정자 앞에서 분쟁에 대한 합의가 이루어진 날, 또는 조정을 철회 또는 종료한 날로부터 3년 동안 보관되어야 한다.

조정자

8-(1) 주무부장관은 지역주민조정센터 이사가 추천하는 자(이사를 제외)를 지역주민조정센터의 조정자로 임명할 수 있고, 이 임명을 취소할 수도 있다.

(2) 위 (1)항에 따라 임명된 조정자는 주무부장관이 정한 보수를 지급받을 권리가 있으며 주무부장관이 승인한 행동강령을 준수하여야 한다.

조정 서비스의 제공

9-(1) 지역주민조정센터의 이사는 조정 서비스의 제공 그리고 지역주민 조정센터의 운영과 관리에 대해 책임이 있다.

(2) 각 조정 기일은 이사에 의해 조정을 위해 할당된 한 명 이상의 조 정자가 진행해야 한다.

(3) 제15조에 따라 지역주민조정센터에서의 이 법에 따른 분쟁의 조 정에 대한 접수의 동의를 거부할 수 있는 지역주민조정센터의 이 사의 동의가 없이는 분쟁을 조정을 위해 접수할 수 없다.

(4) 조정 기일은 조정자 또는 이사에 의해서 언제든지 종료될 수 있다.

조정 기일의 진행

10-(1) 지역주민조정센터의 조정 기일의 시작과 진행을 위한 절차는 이 사가 정한다.

(2) 조정 기일은 가능한 한 형식적인 절차와 전문용어를 적게 사용 하고 신속하게 진행되어야 한다.

(3) 증거법은 조정 기일에 적용되지 않는다.

(4) 조정 기일 중에는 분쟁을 재판하거나 중재할 수 없다.

(5) 조정 기일은 비공개로 진행되어야 하지만, 조정기일의 당사자가 아닌 사람은 이사와 당사자의 승인을 받아 조성기일에 참석하 거나 참가할 수 있다.

분쟁

11-(1) 제9조 제3항과 제15조에 따라, 누구든지 지역주민조정센터의 조정
　　　 자에게 성문법상 영장 없이 체포할 수 있는 범죄와 관련되지 않은
　　　 가족, 사회 또는 지역사회에 대한 분쟁의 조정을 신청할 수 있다.

　 (2) 조정기일은 분쟁이 법원, 재판소 또는 기구의 재판에 부칠 수
　　　 있는지 그리고 분쟁이 법적 절차의 대상인지와 상관없이 개시
　　　 되거나 계속될 수 있다.

　 (3) 이 법의 목적을 위해, 어떤 문제에 대하여 합의에 이르지 못한
　　　 사람들은 그 문제에 대해 분쟁이 있는 것으로 다루어질 수 있
　　　 다(관련 협상이 아직 진행 중인지 여부에 상관없이).

조정의 자발성

12-(1) 조정 기일 출석과 참가는 자발적이다.

　 (2) 조정 기일의 당사자는 언제든지 탈퇴할 수 있다.

　 (3) 이 법에 따라 진행되는 조정 기일 출석, 참가 또는 탈퇴는 이 법
　　　 외에는 분쟁 당사자가 가진 어떠한 권리 또는 법적구제에도 영
　　　 향을 미치지 아니한다.

화해와 합의의 서면화

13-(1) 조정기일에서 도달한 또는 만들어진 화해 또는 합의 사항들은,
　　　 조정자가 적합하다고 생각하는 경우에, 서면화되고 조정 기일의
　　　 당사자들에 의해 또는 당사자들을 대표하여 서명되어야 한다.

　 (2) 어떤 화해 또는 합의도 구속력에 관한 진술이 서면화되고 당사

자 또는 당사자들을 대표하여 서명되지 않으면 조정 기일의 당사자를 구속할 수 없다.

대리인에 의한 주장

14-(1) 조정 기일의 당사자는 아래의 경우를 제외하고는 대리인에 의해 대리 될 수 없다-

(a) 이사에게 분명한 경우-

(i) 대리인은 조정을 용이하게 하는 것을 허가받아야 한다; 그리고

(ii) 임명하기로 제안된 대리인이 당사자를 효과적으로 대리 할 수 있도록 분쟁 사안에 대해 충분한 지식을 가지고 있다; 그리고

(b) 이사가 이를 승인한 경우

(2) 제1항은 아래와 같은 경우에 회사, 기업, 법인 또는 단체를 대리하는 것을 금지하지 않는다-

(a) 조정 기일의 당사자가 법인인 경우-법인의 임원;

(b) 토지소유권(Strata)법(제158장)에 따라 설립된 법인인 기업이 조정 기일의 당사자인 경우-협의회 또는 위원회의 일원이나 관리하는 대리인;

(c) 감독기구가 조정 기일의 당사자인 경우-감독기구의 임원;

(d) 단체법(제311장) 제4조 또는 제4A조에 따라 등록된 단체가 조정기일의 당사자인 경우-위 법 제2조에 정의된 단체의 임원

우리나라 ADR법, 이렇게 제정하자

(3) 이사가 당사자의 대리인에 의한 대리를 승인하는 경우, 그 승인
은 조정기일에 한 쪽 당사자의 대리인이 나타남으로써 다른 쪽
당사자가 실질적으로 불리해지지 않는다는 것이 보장될 만큼
적절하다고 이사가 생각할 것을 조건으로 하고, 그러한 경우,
당사자를 대리할 대리인의 권한은 대리인이 그와 같은 요구들
을 준수할 것을 조건으로 한다.

치안판사에 의한 사건의 위탁

15-(1) 이 법 또는 다른 성문법의 조항에도 불구하고, 형사소송법(제68
장) 제128조에 따른 사인(私人)의 고소를 받아 위법행위를 인지
한 치안판사는, 아래와 같을 경우-

(a) 그 위법행위가 형사소송법의 첫 번째 표의 4번째 세로 단에
따라 통상적으로 소환장이 우선적으로 발부되어야 하고;

(b) 치안판사가, 사안의 성격 또는 당사자의 태도 또는 두 가지
모두를 이유로, 문제가 조정으로 해결되는 것이 더 적당하
다고 생각하면, 고소인 또는 피고소인 양측의 동의여부와
상관없이 지역주민조정센터의 조정자에게 그 사건의 조정
을 위탁할 수 있다.

(2) 제1항에 따른 위탁을 할 때, 치안판사는 고소인 또는 피고소인
에게 지정된 시간과 장소에서 지역주민조정센터의 조정자 앞에
직접 출석할 것을 명령할 수 있다.

(3) 제2항에 따른 치안판사의 명령을 준수하지 못한 사람은 법정
모독죄를 범한 것이며, 그에 대해서는 하급법원(subordinate

Court)법(제321장) 제8조에 따른 조치가 취해질 수 있다.

(4) 치안판사가 이 조항에 따라 위탁한 경우, 지역주민 조정센터의 조정자는 치안판사가 형사소송법 규정에 따라 적절하다고 생각하는 추가적인 조치를 취할 수 있도록 조정의 결과를 기록하고 이를 치안판사에게 통지하여야 한다.

제4절 잡칙(雜則)

평가

16, 주무부장관은, 그가 적절하다고 생각하는 시기에 적절하다고 생각하는 기간 동안 지역주민조정센터 그리고 그 운영과 활동을 평가하게 하거나 이를 준비하도록 할 수 있다.

책임의 면제

17-(1) 이하의 사람들이 행한 또는 하지 않은 어떤 것도-

(a) 조정자; 또는

(b) 지역주민조정센터의 이사 또는 직원, 피고용인, 임원의 어느 일원, 그것이 이 법의 규정들을 집행하기 위한 목적으로 선의로 행해졌고 사기 또는 고의적인 위법행위와 관련되지 않았다면, 그들에게 어떤 조치, 책임, 청구, 신청을 당하게 하지 않는다.

우리나라 ADR법, 이렇게 제정하자

(2) 누구든지 어떤 사람이 이사의 역할을 하는 것이 요구되거나 승인되는 상황이 발생하였는지 조사할 필요가 없고, 그 사람이 그렇게 행동하는 동안 행한 또는 하지 않은 어떤 것도 유효하고 효과적이며, 이사가 행한 또는 하지 않은 것과 같은 결과를 가진다.

소송 또는 중재의 소환장

18-(1) 법원서기(a registrar)는 지역주민조정센터의 조정자에게 위탁된 분쟁과 관계가 있거나 관련된 어떠한 법원의 절차를 위해서도 (아래의 영장을) 발급할 수 없다-

(a) 지역주민조정센터의 조정자, 이사, 직원, 피고용인 또는 임원에 대한 법원 출석을 위한 증인소환영장(a writ of subpoena ad testificandum)

(b) 지역주민조정센터의 기록 또는 문서의 법원에 대한 제시를 위한 문서지참증인소환영장(a writ of subpoena duces tecum) 사건의 모든 정황을 참작했을 때, 출석과 제시가 사건의 공정한 처리와 비용의 절감을 위하여 필요하다고 받아들이는 경우가 아니라면.

(2) 제1항 제(b)목에 따라 법원서기가 명령한 경우, 지역주민조정센터는 그 명령을 준수하여 어떤 기록 또는 문서의 인증등본을 만들 수 있다.

(3) 제1항의 목적에서-

"법원" 은 중재 재판소를 포함한다.

"법원서기"는 절차가 상급법원(Supreme Court)에서 받아들여

진 모든 사건에서 상급법원의 법원서기(the Registrar), 법원
서기보(the Deputy Registrar), 보조법원 서기(an Assistant
Registrar)를 의미하고, 절차가 하급법원(subordinate court)
에서 받아들여진 모든 사건에서 하급법원의 법원서기(the
registrar), 법원서기보(a deputy registrar)를 의미한다.

특권

19-(1) 제2항에 따라, 명예훼손에 대한 특권은 아래에 대하여 존재한
다-

    (a) 조정 기일; 또는

    (b) 조정 기일이 준비될 수 있도록 하기 위한 목적에서 지역주
        민조정센터에 보내지거나, 지역주민조정센터에서 만들어진
        문서 또는 다른 자료, 사법 절차에 대하여 그리고 사법 절
        차에서 만들어진 문서에 대한 것과 같이.

(2) 제1항에 의해 부여된 특권은 아래를 제외한 공표에는 확장되지
않는다-

    (a) 조정 기일에서;

    (b) 제2항 제(b)목이 정하는 바에 따라; 또는

    (c) 제20조에 따라.

(3) 조정기일에 말한 어떤 것에 관한 증거도 또는 이루어진 자백도
법원, 재판소 또는 기구의 절차에서 인정될 수 없다.

(4) 조정 기일을 목적으로, 또는 조정 기일 진행 중에, 또는 조정 기
일에 의하여 만들어진 문서 또는 그것들의 사본은 법원, 재판

소 또는 기구의 절차에서 인정될 수 없다.

(5) 제3항과 제4항은 아래와 같은 증거와 문서에 적용되지 않는다-

(a) 조정기일에 출석 또는 서명한 사람이, 문서의 경우에는 문 서에 서명한 모든 사람이, 그 증거와 문서가 인정되는 것에 동의한 경우;

(b) 제20조에 따라 공개된 행위 또는 생략된 것에 대해 개시된 절차의 경우; 또는

(c) 사건에 관한 모든 정황을 참작했을 때, 법원이 그 증거와 문서가 인정되는 것이 사건의 공정한 처리와 비용의 절감 을 위하여 필요하다고 받아들이는 경우.

비밀유지

20. 지역주민조정센터의 조정자, 이사, 직원 또는 제16조에 따라 평가를 하거나 (e)호에 따라 위탁받은 연구를 하는 자는 아래의 경우에만 이 법의 집행 또는 실행과 관련하여 얻은 정보를 공개할 수 있다:

(a) 그 정보를 얻게 된 사람의 동의가 있는 경우;

(b) 이 법의 집행 또는 실행과 관련된 경우;

(c) 누군가에 대한 피해 또는 어떤 재산에 내한 손해의 위험을 방지 또는 최소화하기 위해 공개가 필요하다고 믿을만한 합리적인 근 거가 있는 경우;

(d) 공개가 분쟁의 어떤 당사자 또는 당사자들을 어떤 사람, 기관, 조직 또는 기구의 조정 기일에 위탁하기 위한 목적에서 합리적 으로 요구되고, 당사자들 간의 분쟁해결을 돕기 위한 또는 다른

방법으로 당사자들을 지원하기 위한 목적에서 조정 기일 당사자들의 동의에 의해 이루어진 경우

(e) 공개로 인해 당사자의 동의 없이 그 사람의 신원이 드러나지 않고, 이사에 의해 또는 이사의 승인 하에 이루어지는 연구 또는 제16조에 의한 평가를 위한 목적으로 공개가 합리적으로 요구되는 경우; 또는

(f) 법원의 명령 또는 성문법이 부과하거나 이에 따른 요구를 준수하기 위한 경우

21. 폐지

공무원

22. 지역주민조정센터의 이사와 직원, 피고용인 그리고 임원 모두는 형법(제224장)의 적용에 있어 공무원으로 간주된다.

규칙제정권

23-(1) 주무부장관은 아래와 같은 규칙을 제정할 수 있다-

(a) 지역주민조정센터의 관행과 절차를 규율;

(b) 지역주민조정센터 조정자의 교육과 인증을 제공; 그리고

(c) 이 법의 적절한 집행 또는 목표와 목적을 달성하기 위해 필요하거나 유용한 모든 일을 규정

(2) 이 조항에 따라 제정된 모든 규정들은 관보에 게재된 후 가능한 한 빨리 국회에 제출되어야 한다.

I. 국내 문헌

- 강남일, 대체적 분쟁해결 기본법안 검토보고, 국회 법제사법위원회, 2014. 4.

- 강병근·고영국·전병서·정찬모, 인터넷분쟁의 소송외적 해결을 위한 법제도 연구, 정보통신정책연구원, 2001.

- 강이수·박종삼, 국제거래분쟁론, 삼영사, 2010.

- 강현중, 민사소송법, 박영사, 2004.

- 국회 법제실, 법제이론과 실제, 2019.

- 김경배, 국제무역분쟁과 ADR, 무역경영사, 2005a.

- 김광수, ADR과 국제중재 입문, 두남, 2012.

- 김민중, "민사사건과 ADR", 법학연구 제26집, 전북대학교 법학연구소, 2008. 6.

- _____, "우리나라 ADR제도의 발전기반구축을 위한 실천과제", 언론중재 봄호, 2010.

- 김상찬, "ADR기본법의 입법론에 관한 연구", 중재연구 제13권 제2호, 2004.

- 김원태, "재판 외 분쟁해결제도의 현상과 과제", 법학연구 제22권 제1호, 충북대학교 법학연구소, 2011. 6.

- 김유환, "행정형 ADR 정비방안–모델절차법(안)", 사법 선진화를 위한

개혁, 사법제도개혁추진위원회, 2006.

- 류재철, "소송 외의 대체적 분쟁해결제도(ADR)에 관한 연구", 동의법정 제18권, 2002.

- 박철규, 이웃분쟁, 이렇게 해결하자, 밥북, 2018. 6.

- _____, 한국 ADR법령체계의 현황과 정립방안 연구—대체적 분쟁해결 기본법(안) 제안을 중심으로, 한국개발연구원(KDI), 2012. 12.

- 박홍엽 외, 국내외 갈등관련 법·제도 분석과 효율적인 운영방안, 경제· 인문사회연구회, 2005.

- 변상정, "정부의 사회갈등 해소 노력과 정책적 고려사항", 정책연구 통 권 143호, 2004.

- 사법제도개혁추진위원회, 재판 외 분쟁해결제도 활성화 방안 참고자 료, 2001. 11.

- 유병현, "가칭 ADR기본법의 제정방향과 선결과제'에 대한 지정토론문", 언론조정·중재제도와 ADR 기본법 제정방향, 언론중재위원회·한국조 정학회, 2010. 11, 84쪽.

- 이건묵, 대체적 분쟁해결제도 법제의 주요쟁점과 입법과제, 국회입법조 사처, 2012.

- 이점인, "재판외분쟁해결제도:미국의 ADR을 중심으로", 동아법학 제 26호, 1999.

- 임동진, 중앙정부의 공공갈등관리 실태분석 및 효과적인 갈등관리 방 안 연구, 한국행정연구원, 2010.

- 전병서, "ADR의 확충·활성화에 관한 검토", 변호사 제37권, 2007.

- 전재경, "갈등관리 법제의 구조와 과제", 국토 통권 283호, 2005.

우리나라 ADR법, 이렇게 제정하자

- 정선주, "ADR통일절차법의 제정에 대한 연구", 민사소송 제11권 제1호, 2007.
- 정정화, "공공갈등해결을 위한 ADR의 활성화 방안", 한국자치행정학보 제26권 제2호, 2012.
- 정준영, "가칭 ADR기본법의 제정방향과 선결과제", 언론중재, 2010 겨울호.
- 중앙대학교 산학협력단, ADR기본법 제정방향 및 현행 ADR기구의 합리적 운영방안, 법무부, 2015. 12.
- 황승태·계인국, 한국형 대체적 분쟁해결(ADR) 제도의 발전 방향에 관한 연구, 사법정책연구총서 2016-04, 대법원 사법정책연구원, 2016. 2.

II. 외국 문헌

- Sander, Frank E.A., "Alternative Methods of Dispute Reso-lution: An Overview", 37 University of Florida Law Review 1, 1985.
- Stienstra, Donna, ADR in the Federal District Courts: An Initial Report, Federal Judicial Center, November. 2011.
- 山本和彦, "ADR 基本法に関する一試論 —ADRの紛争解決機能の強化に向けて", ジュリスト, No.1207, 2001. 9.
- 三上威彦, "比較法的視点からみた わが国 ADRの特質", ジュリスト, No.1207, 2001. 9.

우리나라 ADR법, 이렇게 제정하자